Die Kunst der italienischen Küche

Authentische Rezepte und Geschichten aus Bella Italia

Chiara Rossi

INHALTSVERZEICHNIS

Spinat-Ricotta-Torte 9

Lauch-Tarte 11

Sandwiches mit Mozzarella, Basilikum und gerösteten Paprika 14

Sandwiches mit Spinat und Robiola 16

Riviera-Sandwich 18

Dreieckige Sandwiches mit Thunfisch und geröstetem Pfeffer 21

Dreieckige Schinken-Feigen-Sandwiches 24

Bratäpfel mit Amaretto 26

Livias Apfelkuchen 29

Aprikosen in Zitronensirup 32

Beeren mit Zitrone und Zucker 34

Erdbeeren mit Balsamico-Essig 36

Himbeeren mit Mascarpone und Balsamico-Essig 38

Kirschen im Barolo 40

heiß geröstete Kastanien 42

konservierte Feigen 44

in Schokolade getauchte Feigen 46

Feigen in Weinsirup 48

Doras gebackene Feigen 50

Honigminze in Sirup 52

Orangen in Orangensirup 54

Gratinierte Orangen mit Zabaglione 56

Weiße Pfirsiche in Asti Spumante 58

Pfirsiche in Rotwein 60

Amaretti gefüllte Pfirsiche 61

Birnen in Orangensauce 63

Birnen mit Marsala und Sahne 65

Birnen mit warmer Schokoladensauce 67

Birnen mit Rumgeschmack 69

Birnen mit Pecorino-Geschmack 71

Geschmorte Birnen mit Gorgonzola 74

Birnen- oder Apfelpuddingkuchen 76

Warmes Fruchtkompott 80

Venezianische karamellisierte Frucht 82

Obst mit Honig und Grappa 84

Winterfruchtsalat 86

gegrillte Sommerfrüchte 88

Warmer Ricotta mit Honig 90

Ricotta-Kaffee 91

Mascarpone und Pfirsiche 93

Schokoladenmousse mit Himbeeren 95

Tiramisu	98
Erdbeer Tiramisu	101
Italienische Kleinigkeit	104
sabayon	107
Schokoladen-Zabaillone	109
Kalte Zabaglione mit roten Beeren	111
Zitronengelee	113
Orangen-Rum-Gelee	115
Mit Thunfisch gefüllte Zucchini	117
gebratene Zucchini	120
Stücke Zucchini	122
Süß-saurer Winterkürbis	125
gegrilltes Gemüse	128
Geröstete Winterwurzeln	130
sommerlicher Gemüseeintopf	132
Geschichteter Gemüseeintopf	135
Selbstgemachtes Brot	138
Kräuterbrot	141
Käsebrot nach März-Art	144
goldene Maisbrötchen	147
Schwarzes Olivenbrot	150
Stromboli-Brot	154

Käsebrot mit Walnüssen ... 158

Tomatenbrötchen ... 161

Land Brüder ... 164

Das Papierbrot der sardischen Musik ... 167

Brot mit roten Zwiebeln ... 170

Fladenbrot aus Weißwein ... 173

Brot aus sonnengetrockneten Tomaten ... 176

Römisches Kartoffelbrot ... 179

Gegrilltes Brot aus der Emilia-Romagna ... 182

Grissini ... 185

Fenchelringe ... 188

Mandel- und schwarzer Pfefferringe ... 191

Selbstgemachte Pizza ... 194

Pizzateig nach neapolitanischer Art ... 198

Pizza mit Mozzarella, Tomaten und Basilikum ... 202

Pizza mit Tomaten, Knoblauch und Oregano ... 204

Wildpilzpizza ... 206

Höschen ... 209

Sardellenpatronen ... 213

Tomaten- und Käserunden ... 216

Osterkuchen ... 218

Spinat-Ricotta-Torte

Crostata von Spinaci

Ergibt 8 Portionen

Ich habe diesen Kuchen in Ferrara gegessen, einem meiner Lieblingsrestaurants in Rom. Etwas ähnliches wie eine Quiche, es wird mit Ricotta zubereitet, um Cremigkeit hinzuzufügen. Es ist perfekt zum Mittagessen oder Brunch mit Salat und gekühltem Pinot Grigio.

1 Rezeptherzhaftes Gebäck

Füllung

1 Kilo Spinat, gehackt und gewaschen

1 1/4 Tasse Wasser

1 1/2 Tassen ganzer oder teilweise entrahmter Ricotta

1 1/2 Tasse Sahne

3/4 Tasse frisch geriebener Parmigiano-Reggiano

2 große Eier, geschlagen

¼ Teelöffel frisch geriebene Muskatnuss

Salz und frisch gemahlener schwarzer Pfeffer

1. Bereiten Sie die Kruste vor und backen Sie sie teilweise. Reduzieren Sie die Ofentemperatur auf 375 ° F.

zwei. Währenddessen die Füllung vorbereiten. Den Spinat mit dem Wasser in einen großen Topf bei mittlerer Hitze geben. Abdecken und 2-3 Minuten kochen lassen oder bis sie weich und zart sind. Abgießen und abkühlen. Wickeln Sie den Spinat in ein fusselfreies Tuch und drücken Sie so viel Wasser wie möglich aus. Den Spinat fein hacken.

3. In einer großen Schüssel Spinat, Ricotta, Sahne, Käse, Eier, Muskat und Salz und Pfeffer nach Geschmack verquirlen. Schaufeln Sie die Mischung in die vorbereitete Tortenhülle.

Vier. 35-40 Minuten backen oder bis die Füllung fest und leicht goldbraun ist.

5. Die Tarte 10 Minuten in der Pfanne abkühlen lassen. Den äußeren Rand entfernen und die Tarte auf eine Servierplatte legen. Warm oder bei Zimmertemperatur servieren.

Lauch-Tarte

Crostata von Porry

Ergibt 6-8 Portionen

Ich habe diesen Kuchen in einer Enoteca oder Weinbar in Bologna gegessen. Der nussige Geschmack und die Cremigkeit des Parmigiano verstärken die Süße des Lauchs. Anstelle von Lauch kann es auch mit gebratenen Champignons oder Paprika zubereitet werden.

    1 Rezeptherzhaftes Gebäck

Füllung

4 mittelgroße Lauchstangen, etwa 1 1/4 Kilo

3 Esslöffel ungesalzene Butter

Salz

2 große Eier

3 1/4 Tasse Sahne

1/3 Tasse frisch geriebener Parmigiano-Reggiano

Frisch geriebener Muskatnuss

frisch gemahlener schwarzer Pfeffer

1.Bereiten Sie die Kruste vor und backen Sie sie teilweise. Reduzieren Sie die Ofentemperatur auf 375 ° F.

zwei.Füllung zubereiten: Vom Lauch die Wurzeln und die meisten grünen Spitzen abschneiden. Schneiden Sie sie der Länge nach in zwei Hälften und spülen Sie sie zwischen jeder Schicht gut unter fließendem kaltem Wasser ab. Den Lauch quer in dünne Scheiben schneiden.

3.Die Butter in einer großen Pfanne bei mittlerer Hitze schmelzen. Den Lauch und eine Prise Salz hinzugeben. Unter häufigem Rühren kochen, bis der Lauch weich ist, wenn man ihn mit einem Messer durchsticht, etwa 20 Minuten. Den Topf vom Herd nehmen und abkühlen lassen.

Vier. In einer mittelgroßen Schüssel Eier, Sahne, Käse und eine Prise Muskat verquirlen. Lauch und Pfeffer nach Geschmack zugeben.

5. Gießen Sie die Mischung in die teilweise gebackene Tortenschale. 35-40 Minuten backen oder bis die Füllung fest geworden ist. Warm oder bei Zimmertemperatur servieren.

Sandwiches mit Mozzarella, Basilikum und gerösteten Paprika

Mozzarella-Panini

Ergibt 2 Portionen

Manchmal mache ich dieses Sandwich, indem ich das Basilikum durch Rucola und die rote Paprika durch Prosciutto ersetze.

4 Unzen frischer Mozzarella-Käse, in 8 Scheiben geschnitten

4 Scheiben Bauernbrot

4 frische Basilikumblätter

1/4 Tasse geröstete rote oder gelbe Paprika, in dünne Streifen geschnitten

1. Schneiden Sie die Mozzarellascheiben so zu, dass sie auf das Brot passen. Wenn der Mozzarella saftig ist, tupfen Sie ihn trocken. Die Hälfte des Käses in einer einzigen Schicht auf zwei Brotscheiben geben.

zwei. Basilikumblätter und Paprika auf dem Käse und den restlichen Mozzarella darauf anrichten. Den Rest des Brotes darauf legen und mit den Händen fest andrücken.

3. Eine Sandwichpresse oder Grillpfanne vorheizen. Legen Sie die Sandwiches in die Presse und backen Sie sie, bis sie geröstet sind, etwa 4-5 Minuten. Wenn Sie eine Bratpfanne verwenden, stellen Sie ein schweres Gewicht darauf, z. B. eine Bratpfanne. Die auf einer Seite gebräunten Sandwiches wenden, beschweren und auf der anderen Seite toasten. Heiß servieren.

Sandwiches mit Spinat und Robiola

Panino di Spinaci und Robiola

Ergibt 2 Portionen

Focaccia verleiht dem gepressten Panini einen schönen Geschmack und eine schöne Textur. Spinat kann durch anderes Gemüse ersetzt oder Gemüsereste verwendet werden. Für Käse verwende ich gerne cremige, weiche Robiola aus piemontesischer und lombardischer Kuh-, Ziegen- oder Schafsmilch oder eine Kombination daraus. Andere Möglichkeiten sind frischer Ziegenkäse oder sogar Schlagsahne. Fügen Sie der Füllung ein oder zwei Tropfen Trüffelöl hinzu, um einen erdigen Geschmack und eine luxuriöse Note zu erhalten.

1 Paket (10 Unzen) frischer Spinat

4 Unzen frischer Robiola- oder Ziegenkäseersatz

Trüffelöl (optional)

2 Quadrate oder Scheiben frische Focaccia

1. Legen Sie den Spinat in einen großen Topf bei mittlerer Hitze mit 1/4 Tasse Wasser. Abdecken und 2-3 Minuten kochen

lassen oder bis sie weich und zart sind. Abgießen und abkühlen. Wickeln Sie den Spinat in ein fusselfreies Tuch und drücken Sie so viel Wasser wie möglich aus.

zwei. Den Spinat fein hacken und in eine mittelgroße Schüssel geben. Fügen Sie den Käse hinzu und mischen Sie den Spinat mit dem Käse. Falls gewünscht, fügen Sie ein oder zwei Tropfen Trüffelöl hinzu.

3.Die Focaccia vorsichtig mit einem langen Messer mit Wellenschliff halbieren. Die Mischung auf dem Boden der Focaccia verteilen. Legen Sie die Oberseiten der Sandwiches darauf und drücken Sie sie vorsichtig flach.

Vier. Eine Sandwichpresse oder Grillpfanne vorheizen. Wenn Sie eine Presse verwenden, legen Sie die Sandwiches in die Presse und backen Sie sie, bis sie geröstet sind, etwa 4-5 Minuten. Wenn Sie eine Grillpfanne verwenden, legen Sie die Sandwiches auf die Pfanne und stellen Sie dann ein schweres Gewicht, z. B. eine Bratpfanne, darauf.

5.Wenn Sie auf einer Seite bräunen, drehen Sie die Sandwiches um, legen Sie ein Gewicht darauf und bräunen Sie die andere Seite. Heiß servieren.

Riviera-Sandwich

Panino della Riviera

Ergibt 4 Portionen

Die geografische Grenze zwischen Italien und Frankreich bedeutet auch keinen Unterschied in der Ernährung auf beiden Seiten. Menschen, die an der italienischen und französischen Küste leben, teilen ein ähnliches Klima und eine ähnliche Geographie, daher haben sie sehr ähnliche Essgewohnheiten. Ein Beispiel ist das französische Pan Bagnat und das italienische Pane Bagnato, was "eingetauchtes Brot" bedeutet und in Italien manchmal als Riviera-Sandwich bezeichnet wird. Dieses saftige Sandwich mit einem kräftigen Vinaigrette-Dressing ist mit französisch geröstetem Thunfisch und Paprika gefüllt. Auf der italienischen Seite der Grenze wird Mozzarella durch Thunfisch ersetzt und Sardellen werden hinzugefügt, aber der Rest ist ziemlich gleich. Dies ist das perfekte Sandwich für ein Picknick, weil die Aromen so gut zusammenkommen und es von alleine noch besser wird.

1 Laib italienisches Brot, etwa 12 Zoll lang

Verbindend

1 Knoblauchzehe, sehr fein gehackt

1 1/4 Tasse Olivenöl

2 Esslöffel Essig

1 1/2 TL getrockneter Oregano, zerstoßen

Salz und frisch gemahlener schwarzer Pfeffer

2 reife Tomaten, in Scheiben geschnitten

1 Dose (2 Unzen) Sardellen

8 Unzen geschnittener Mozzarella

2 geröstete Paprika, geschält und Samen mit Saft

12 Oliven in Öl gekocht, entsteint und gehackt

1. Das Brot der Länge nach halbieren und das weiche Brot im Inneren entfernen.

zwei. Die Saucenzutaten in einer kleinen Schüssel mischen und die Hälfte der Sauce über die Schnittränder des Brotes gießen. Den Brotboden mit Tomaten, Sardellen, Mozzarella, gerösteten Paprikaschoten und Oliven belegen, auf jede Schicht etwas Soße streichen.

3.Legen Sie die Oberseite des Sandwichs darauf und drücken Sie es zusammen. In Folie wickeln und mit einem Brett oder einer dicken Pfanne abdecken. 2 Stunden bei Zimmertemperatur stehen lassen oder über Nacht kühl stellen.

Vier. In 3 Zoll breite Sandwiches schneiden. Bei Zimmertemperatur servieren.

Dreieckige Sandwiches mit Thunfisch und geröstetem Pfeffer

Tramezzini al Tonno und Peperoni

Ergibt 3 Sandwiches

Einige der gleichen Aromen des herzhaften Riviera-Sandwiches finden ihren Weg in dieses delikate Dreieckssandwich, das ich in einem römischen Lieblingscafé probiert habe. Der Thunfisch wurde mit Fenchelsamen gewürzt, aber ich ersetze ihn gerne durch Fenchelpollen, der nichts anderes ist als gemahlene Fenchelsamen, aber mit mehr Geschmack. Es wird heute von vielen Köchen verwendet und ist in Gourmet-Fachgeschäften für getrocknete Kräuter und im Internet zu finden. Wenn Sie keine Fenchelpollen finden können, ersetzen Sie Fenchelsamen, die Sie selbst in einer Gewürzmühle oder mit einem Messer mahlen können.

1 kleine geröstete rote Paprika, abgetropft und in dünne Streifen geschnitten

Natives Olivenöl extra

Salz

1 Dose (31/2 oz.) italienischer Thunfisch in Olivenöl verpackt

2 Esslöffel Mayonnaise

1-2 Teelöffel frischer Zitronensaft

1 Esslöffel gehackte Frühlingszwiebel

1 TL Fenchelpollen

4 Scheiben hochwertiges Weißbrot

1. Die geröstete Paprika mit etwas Öl und Salz beträufeln.

zwei. Den Thunfisch abtropfen lassen und in eine Schüssel geben. Den Thunfisch mit einer Gabel gut zerkleinern. Mischen Sie Mayonnaise, Zitronensaft nach Geschmack und Frühlingszwiebeln.

3. Den Thunfisch auf zwei Brotscheiben verteilen. Mit Paprikastreifen belegen. Mit restlichem Brot bedecken, leicht andrücken.

Vier. Mit einem großen Kochmesser die Kruste vom Brot schneiden. Die Sandwiches diagonal halbieren, sodass zwei Dreiecke entstehen. Sofort servieren oder fest mit Plastikfolie abdecken und bis zum Servieren im Kühlschrank aufbewahren.

Dreieckige Schinken-Feigen-Sandwiches

Tramezzini di Prosciutto und Fichi

Ergibt 2 Sandwiches

Der salzige Geschmack des Prosciutto und die Süße der Feigenmarmelade bilden bei diesem Sandwich einen schönen Kontrast. Es eignet sich sehr gut als Vorspeise, wenn man es in Viertel schneidet. Mit prickelndem Prosecco servieren.

Ungesalzene Butter, bei Zimmertemperatur

4 Scheiben hochwertiges Weißbrot

Etwa 2 Esslöffel Feigenmarmelade

4 dünne Scheiben importierter italienischer Prosciutto

1. Etwas Butter auf eine Seite jeder Brotscheibe streichen. Verteilen Sie auf jeder Scheibe etwa 2 Teelöffel Feigenmarmelade auf der Butter.

zwei. Zwei Scheiben Serrano-Schinken in die Mitte der Scheiben legen. Die restlichen Brotscheiben mit der Marmeladenseite nach unten auf den Serrano-Schinken legen.

3. Mit einem großen Kochmesser die Kruste vom Brot schneiden. Die Sandwiches diagonal halbieren, sodass zwei Dreiecke entstehen. Sofort servieren oder mit Frischhaltefolie abdecken und im Kühlschrank aufbewahren.

Bratäpfel mit Amaretto

Mele al'Amaretto

Ergibt 6 Portionen

Amaretto ist ein süßer Likör; Amaretti sind knusprige Kekse. Beide italienischen Produkte werden mit zwei Arten von Mandeln aromatisiert: der bekannten Sorte und der leicht bitteren Mandel, die nicht so gegessen wird, obwohl sie in Italien oft zum Würzen von Desserts verwendet wird. Amaro bedeutet bitter und sowohl der Likör als auch die Kekse haben ihren Namen von diesen Mandeln. Beide sind weit verbreitet: Kekse in Fachgeschäften und im Versandhandel und Spirituosen in vielen Spirituosengeschäften.

Die bekannteste Marke von Amaretti-Keksen ist in markanten roten Gläsern oder Schachteln verpackt. Die Kekse sind paarweise in Pastellpapier eingewickelt. Es gibt auch andere Amaretti-Marken, die die Kekse separat in Tüten verpacken. Ich habe immer Amaretti zu Hause. Sie sind lange haltbar und passen gut zu einer Tasse Tee oder als Zutat in verschiedenen süßen und herzhaften Gerichten.

Goldene Äpfel mag ich beim Backen. Die lokal angebauten sind süß und knusprig, behalten aber ihre Form sehr gut, wenn sie gebraten werden.

6 Bratäpfel, golden delicious

6 Amaretti

6 Esslöffel Zucker

2 Esslöffel ungesalzene Butter

6 Esslöffel Amaretto oder Rum

1. Stellen Sie den Rost in die Mitte des Ofens. Backofen auf 375 ° F vorheizen. Eine Auflaufform einfetten, die groß genug ist, um die Äpfel aufrecht zu halten.

zwei. Entfernen Sie die Apfelkerne und schälen Sie die Äpfel etwa zwei Drittel vom Stielende entfernt.

3. Legen Sie die Amaretti-Kekse in eine Plastiktüte und zerdrücken Sie sie leicht mit einem schweren Gegenstand wie einem Nudelholz. In einer mittelgroßen Schüssel die Krümel mit dem Zucker und der Butter mischen.

Vier. Füllen Sie ein wenig von der Mischung in die Mitte jedes Apfels. Den Amaretto über die Äpfel gießen. 1 Tasse Wasser um die Äpfel gießen.

5. 45 Minuten backen oder bis die Äpfel weich sind, wenn sie mit einem Messer durchstochen werden. Warm oder bei Zimmertemperatur servieren.

Livias Apfelkuchen

Torta di Mele alla Livia

Ergibt 8 Portionen

Meine Freundin Livia Colantonio lebt in Umbrien auf einer Farm namens Podernovo. Der Betrieb züchtet Chianina-Rinder, baut verschiedene Keltertrauben an und füllt Weine mit dem Label Castello delle Regine ab.

Gäste können in einem der wunderschön restaurierten Gästehäuser in Podernovo, nur 45 Minuten von Rom entfernt, übernachten und einen ruhigen Urlaub genießen. Livia macht diesen einfachen, aber sensationellen "Kuchen", der nach einem Herbst- oder Winteressen immer großartig ist. Es ist kein Kuchen im herkömmlichen Sinne, da er fast ausschließlich aus Äpfeln besteht, mit nur ein paar Crackerkrümeln zwischen den Schichten, um einige der Fruchtsäfte aufzunehmen. Mit Schlagsahne oder Rum-Rosinen-Eis servieren.

Sie benötigen eine runde Bratpfanne oder Auflaufform, die 9 Zoll breit und 3 Zoll tief ist. Verwenden Sie eine Kuchenform, eine

Auflaufform oder eine Auflaufform, aber keine Springform, da sonst der Apfelsaft ausläuft.

12 Amaretti

3 Pfund Golden Delicious, Granny Smith oder ein anderer fester Apfel (etwa 6 große)

1 1/2 Tasse Zucker

1. Legen Sie die Amaretti-Kekse in eine Plastiktüte und zerdrücken Sie sie leicht mit einem schweren Gegenstand wie einem Nudelholz. Sie sollten ungefähr 3/4 Tasse Krümel haben.

zwei. Die Äpfel schälen und der Länge nach in vier Teile schneiden. Die Viertel in 1/8 Zoll dicke Scheiben schneiden.

3. Stellen Sie den Rost in die Mitte des Ofens. Ofen auf 350 ° F vorheizen Fetten Sie eine runde 9 × 3-Zoll-Auflaufform oder eine Rohrpfanne großzügig ein. Den Boden der Pfanne mit einem Kreis Backpapier auslegen. Fetten Sie das Papier ein.

Vier. Machen Sie eine Schicht Äpfel, die leicht über den Boden der Pfanne geht. Etwas Brösel und Zucker darüber streuen.

Die restlichen Apfelspalten abwechselnd mit den restlichen Bröseln und dem Zucker in der Pfanne anrichten. Apfelscheiben müssen nicht sauber sein. Legen Sie ein Blatt Alufolie darauf und formen Sie es über den Pfannenrand.

5.Die Äpfel anderthalb Stunden backen. Den Deckel öffnen und weitere 30 Minuten backen oder bis die Äpfel weich sind, wenn sie mit einem Messer durchstochen und im Volumen reduziert werden. Übertragen Sie die Bratpfanne auf einen Rost. Mindestens 15 Minuten abkühlen lassen. Führen Sie ein Messer um den Rand der Pfanne. Halten Sie die Pfanne mit den Töpfen in der anderen Hand und stellen Sie die flache Servierplatte auf die Pfanne. Drehen Sie beide um, um die Äpfel auf den Teller zu legen.

6.Bei Raumtemperatur servieren, in Scheiben schneiden. Mit einem umgedrehten Behälter abdecken und bis zu 3 Tage im Kühlschrank aufbewahren.

Aprikosen in Zitronensirup

Albicocche al Limone

Ergibt 6 Portionen

Es ist wirklich nicht nötig, perfekt reife Aprikosen zu pökeln, aber wenn Sie welche haben, die nicht perfekt sind, versuchen Sie, sie in einem einfachen Zitronensirup zu kochen. Die pochierten Aprikosen kalt servieren, eventuell mit Schlagsahne mit Amaretto-Geschmack.

1 Tasse kaltes Wasser

1 1/4 dl Zucker oder nach Geschmack

2 (2 Zoll) Streifen Zitronenschale

2 Esslöffel frischer Zitronensaft

1 Kilo Aprikosen (ca. 8)

1. Kombinieren Sie Wasser, Zucker, Schale und Saft in einem Topf oder einer Pfanne, in der die Aprikosenhälften in einer Schicht liegen. Bei schwacher Hitze zum Kochen bringen und

10 Minuten kochen lassen, dabei die Pfanne ein- oder zweimal wenden.

zwei. Die Aprikosen halbieren und die Steine entfernen. Legen Sie die Hälften in den kochenden Sirup. Kochen, einmal wenden, bis die Frucht weich ist, etwa 5 Minuten.

3.Die Aprikosen eine Weile im Sirup abkühlen lassen, dann abdecken und in den Kühlschrank stellen. Kalt servieren.

Beeren mit Zitrone und Zucker

Frutti di Bosco al Limone

Ergibt 4 Portionen

Frischer Zitronensaft und Zucker bringen das volle Aroma der Beeren zur Geltung. Versuchen Sie dies mit einer Beerensorte oder einer Kombination davon. Nach Belieben einen Löffel Zitroneneis oder Sorbet über die fertigen Beeren streuen.

Eine meiner Lieblingsbeeren, die kleine Walderdbeere (fragoline del bosco), ist in Italien weit verbreitet, aber hier nicht weit verbreitet. Walderdbeeren haben einen köstlichen Erdbeerduft und lassen sich leicht im Topf ziehen. Samen sind bei vielen Katalogfirmen erhältlich und Sie können Pflanzen von vielen Baumschulen hier in den USA kaufen.

1 Tasse geschnittene Erdbeeren

1 Tasse Brombeeren

1 Tasse Blaubeeren

1 Tasse Himbeeren

Frisch gepresster Zitronensaft (ca. 2 Esslöffel)

Zucker (etwa 1 Esslöffel)

1.In einer großen Schüssel die Beeren vorsichtig mischen. Mit Zitronensaft und Zucker abschmecken. Abschmecken und die Gewürze anpassen.

zwei. Die Beeren auf flachen Tellern anrichten. Sofort servieren.

Erdbeeren mit Balsamico-Essig

Balsamico-Erdbeere

Ergibt 2 Portionen

Wenn Sie kleine wilde Erdbeeren finden können, die auf Italienisch als Fragoline del Bosco bekannt sind, verwenden Sie sie in diesem Dessert. Aber auch einfache frische Erdbeeren profitieren von einer schnellen Marinade in gereiftem Balsamico-Essig. Wie ein Spritzer frischer Zitronensaft auf einem Stück Fisch oder Salz auf einem Steak verfeinert der intensiv süße und würzige Geschmack des Balsamico-Essigs viele Gerichte. Betrachten Sie es als Gewürz anstelle von Essig.

Sie müssen wahrscheinlich gereiften Balsamico-Essig in einem Fachgeschäft kaufen. In der Gegend von New York ist eine meiner Lieblingsquellen Di Palo Fine Foods in der Grand Street in Little Italy (sieheQuellen). Louis Di Palo ist eine wandelnde Enzyklopädie des Balsamico-Essigs und aller anderen aus Italien importierten Lebensmittel. Als ich das erste Mal Balsamico bestellte, brachte er mehrere Flaschen heraus und bot allen im Laden Proben an, während er jede einzelne erklärte.

Der beste Balsamico wird in den Provinzen Modena und Reggio in der Emilia-Romagna produziert. Geschmeidig, komplex und sirupartig schmeckt er eher nach einem vollmundigen Likör als nach einem starken Essig und wird oft mit Likör getrunken. Achten Sie auf die Worte Aceto Balsamico Tradizionale auf dem Etikett. Obwohl es teuer ist, reicht ein wenig aus.

1 Pint wilde oder kultivierte Erdbeeren, falls groß, in Scheiben geschnitten

2 EL gealterter Premium-Balsamico-Essig oder nach Geschmack

2 Esslöffel Zucker

Mischen Sie in einer mittelgroßen Schüssel die Erdbeeren mit Essig und Zucker. Vor dem Servieren 15 Minuten stehen lassen.

Himbeeren mit Mascarpone und Balsamico-Essig

Lampone mit Mascarpone und Balsamico

Ergibt 4 Portionen

Waschen Sie zarte Himbeeren immer kurz bevor Sie bereit sind, sie zu verwenden; Wenn Sie sie früher waschen, können sie durch die Feuchtigkeit schneller verderben. Überprüfen Sie sie vor dem Servieren und werfen Sie sie weg, die Anzeichen von Schimmel aufweisen. Bewahren Sie die Beeren in einem flachen, nicht abgedeckten Behälter im Kühlschrank auf, verwenden Sie sie jedoch so schnell wie möglich nach dem Kauf, da sie schnell verderben.

Mascarpone ist eine dicke, glatte Creme, die als Käse bezeichnet wird, obwohl sie nur einen milden Käsegeschmack hat. Seine Textur ist ähnlich wie Sauerrahm oder etwas dicker. Wenn Sie möchten, können Sie es durch Crème Fraîche, Ricotta oder Sauerrahm ersetzen.

1 1/2 Tassen Mascarpone

Etwa 1/4 Tasse Zucker

1-2 Esslöffel bester gereifter Balsamico-Essig

2 Tassen Himbeeren, leicht gespült und getrocknet

1.Mascarpone und Zucker in einer kleinen Schüssel gut vermischen. Balsamico-Essig nach Geschmack hinzugeben. 15 Minuten stehen lassen und erneut umrühren.

zwei. Die Himbeeren auf 4 Serviergläser oder eine Schüssel verteilen. Mascarpone darüberstreuen und sofort servieren.

Kirschen im Barolo

Ciliege al Barolo

Ergibt 4 Portionen

Hier werden die süßen, reifen Kirschen nach Piemonter Art in Barolo oder einem anderen vollmundigen Rotwein pochiert.

³1/4 Tasse Zucker

1 Tasse Barolo oder anderer trockener Rotwein

1 Kilo entsteinte reife Kirschen

1 Tasse schwere oder schwere Sahne, sehr kalt

1. Stellen Sie die große Schüssel und die Rührbesen des Elektromixers für mindestens 20 Minuten in den Kühlschrank, bevor Sie bereit sind, die Sahne zu schlagen.

zwei. Zucker und Wein in einem großen Topf mischen. Zum Kochen bringen und 5 Minuten kochen lassen.

3. Kirschen hinzufügen. Sobald die Flüssigkeit wieder kocht, kochen, bis die Kirschen weich sind, wenn sie mit einem

Messer durchstochen werden, etwa 10 weitere Minuten. Lass es abkühlen.

Vier. Schüssel und Mixer kurz vor dem Servieren aus dem Kühlschrank nehmen. Gießen Sie die Sahne in eine Schüssel und schlagen Sie die Sahne mit hoher Geschwindigkeit, bis sie sanft ihre Form behält, wenn die Rührbesen angehoben werden, etwa 4 Minuten lang.

5.Gießen Sie die Kirschen in Servierschalen. Bei Zimmertemperatur oder leicht gekühlt mit Schlagsahne servieren.

heiß geröstete Kastanien

Caldarroste

Ergibt 8 Portionen

Der Martinstag, der 11. November, wird in ganz Italien mit heiß gerösteten Kastanien und frischem Rotwein gefeiert. Das Fest markiert nicht nur die Feier des geliebten Heiligen, der für seine Güte gegenüber den Armen bekannt war, sondern auch das Ende der Vegetationsperiode, den Tag, an dem das Land im Winter ruht.

Geröstete Kastanien sind auch ein klassisches Finish für Winterurlaubsgerichte in ganz Italien. Ich stelle sie zum Kochen in den Ofen, wenn wir uns zum Abendessen hinsetzen, und nachdem wir das Hauptgericht zubereitet haben, sind sie essfertig.

1 Kilo frische Kastanien

1. Stellen Sie den Rost in die Mitte des Ofens. Ofen auf 425° F vorheizen. Kastanien abspülen und trocken tupfen. Legen Sie die Kastanien mit der flachen Seite nach unten auf das

Schneidebrett. Schneiden Sie mit der Spitze eines kleinen, scharfen Messers vorsichtig ein X in die Oberseite von jedem.

zwei. Legen Sie die Kastanien auf ein großes, stabiles Stück Alufolie. Falten Sie ein Ende über das andere, um die Kastanien einzuschließen. Falten Sie die Enden zum Verschließen. Legen Sie das Paket auf ein Backblech. Braten Sie die Kastanien, bis sie reif sind, mit einem kleinen Messer durchbohrt, etwa 45-60 Minuten.

3.Übertragen Sie das Folienpaket zum Abkühlen auf ein Kuchengitter. Die in Alufolie eingewickelten Kastanien 10 Minuten ruhen lassen. Heiß servieren.

konservierte Feigen

Marmellata von Fichi

Macht 1 1/2 Pints

Sowohl domestizierte als auch wilde Feigenbäume wachsen in ganz Italien, außer in den nördlichsten Regionen, wo es zu kalt ist. Weil sie so süß und weit verbreitet sind, werden Feigen in vielen Desserts verwendet, besonders in Süditalien. Reife Feigen sind nicht gut haltbar, daher können sie im Spätsommer auf verschiedene Arten reichlich gehalten werden. In Apulien werden Feigen in Wasser gekocht, um einen dicken, süßen Sirup herzustellen, der in Desserts verwendet wird. Feigen werden auch in der Sonne getrocknet oder daraus Dosenfeigen hergestellt.

Eine kleine Menge konservierter Feigen ist einfach zuzubereiten und bis zu einem Monat im Kühlschrank haltbar. Für eine längere Lagerung sollte die Marmelade gepresst (nach sicheren Lagerungsmethoden) oder eingefroren werden. Mit geriebenem Käse als Beilage oder auf gebuttertem Pekannussbrot zum Frühstück servieren.

1 1/2 Kilo frische reife Feigen, gespült und getrocknet

2 Tassen Zucker

2 Scheiben Zitronenschale

1. Die Feigen schälen und in Viertel schneiden. Legen Sie sie mit dem Zucker und der Zitronenschale in eine mittelgroße Schüssel. Gut mischen. Abdecken und über Nacht kühl stellen.

zwei. Am nächsten Tag den Inhalt der Schüssel in einen großen, schweren Topf umfüllen. Bei mittlerer Hitze zum Kochen bringen. Unter gelegentlichem Rühren kochen, bis die Mischung leicht eindickt, etwa 5 Minuten. Testen Sie, ob die Mischung dick genug ist, indem Sie einen Tropfen leicht abgekühlter Flüssigkeit zwischen Daumen und Zeigefinger geben. Wenn die Masse bei leicht auseinander stehenden Daumen und Fingern ein Band bildet, ist die Konfitüre fertig.

3. In sterilisierte Gläser füllen und bis zu 30 Tage im Kühlschrank aufbewahren.

in Schokolade getauchte Feigen

Fichi al Cioccolato

Ergibt 8-10 Portionen

Feuchte getrocknete Feigen, gefüllt mit Walnüssen und in Schokolade getunkt, eignen sich für den After-Dinner-Genuss.

Ich kaufe gerne kandierte Orangenschalen bei Kalustyan's, einem Laden in New York, der sich auf Gewürze, Trockenfrüchte und Nüsse spezialisiert hat. Weil sie so viele verkaufen, ist es immer frisch und voller Geschmack. Viele andere Fachgeschäfte verkaufen gute kandierte Orangenschalen. Sie können sich auch postalisch bewerben (sQuellen). Kandierte Orangenschalen und andere Früchte aus Supermärkten werden in kleine Stücke geschnitten und sind meist trocken und geschmacklos.

18 feuchte getrocknete Feigen (ca. 1 Pfund)

18 geröstete Mandeln

1 1/2 Tasse kandierte Orangenschale

4 Unzen bittersüße Schokolade, gehackt oder in kleine Stücke gebrochen

2 Esslöffel ungesalzene Butter

1. Legen Sie ein Backblech mit Wachspapier aus und stellen Sie ein Kühlregal darauf. Machen Sie eine kleine Vertiefung am unteren Rand jedes Bildes. Mandel- und Orangenschale zu den Feigen geben. Schließen Sie es, indem Sie die Lücke zusammendrücken.

zwei. Schmelzen Sie die Schokolade und die Butter in der Spitze eines Wasserbads, das über kochendem Wasser steht, etwa 5 Minuten lang. Vom Herd nehmen und glatt rühren. 5 Minuten stehen lassen.

3. Tauchen Sie jede Feige in die geschmolzene Schokolade und legen Sie sie auf ein Gitter. Wenn alle Feigen eingeweicht sind, stellen Sie den Teller für etwa 1 Stunde in den Kühlschrank, um die Schokolade zu härten.

Vier. Legen Sie die Feigen in einen luftdichten Behälter und trennen Sie jede Schicht mit Wachspapier. Im Kühlschrank bis zu 30 Tage lagern.

Feigen in Weinsirup

Datei unten als Contadina

Ergibt 8 Portionen

Getrocknete Kali Myrna und kalifornische Missionsfeigen sind feucht und reichhaltig. Beide Sorten können für dieses Rezept verwendet werden. Nach dem Pochieren schmecken sie pur oder werden mit Eis oder Schlagsahne serviert. Sie passen auch gut zu Gorgonzola-Käse.

1 Tasse Vin Santo, Marsala oder trockener Rotwein

2 Esslöffel Honig

2 (2 Zoll) Streifen Zitronenschale

18 feuchte getrocknete Feigen (ca. 1 Pfund)

1. In einem mittelgroßen Topf Vin Santo, Honig und Zitronenschale mischen. Zum Kochen bringen und 1 Minute kochen.

zwei.Fügen Sie die Feigen und kaltes Wasser hinzu, um sie zu bedecken. Die Flüssigkeit bei schwacher Hitze zum Kochen bringen und den Topf abdecken. Kochen, bis die Feigen weich sind, etwa 10 Minuten.

3.Die Feigen aus dem Topf mit einem Schaumlöffel in eine Schüssel geben. Kochen Sie die Flüssigkeit unbedeckt, bis sie reduziert und leicht eingedickt ist, etwa 5 Minuten. Den Sirup über die Feigen gießen und abkühlen lassen. Kühlen Sie für mindestens 1 Stunde und bis zu 3 Tage. Leicht gekühlt servieren.

Doras gebackene Feigen

Datei nach Forno

macht 2 Dutzend

Mit Walnüssen gefüllte getrocknete Feigen sind eine apulische Spezialität. Dieses Rezept stammt von meiner Freundin Dora Marzovilla, die sie im New Yorker Restaurant ihrer Familie, I Trulli, als Snack nach dem Abendessen serviert. Servieren Sie die Feigen mit einem Glas Dessertwein wie Moscato di Pantelleria.

24 feuchte getrocknete Feigen (ca. 1 1/2 Pfund), Stielenden entfernt

24 geröstete Mandeln

1 Esslöffel Fenchelsamen

1 1/4 Tasse Lorbeerblätter

1. Stellen Sie den Rost in die Mitte des Ofens. Backofen auf 350 ° F vorheizen. Harte Stielenden von jedem Foto entfernen. Schneiden Sie den Boden der Feigen mit einem kleinen Messer ab. Die Mandel in die Feigen schieben und die Öffnung zudrücken.

zwei. Legen Sie die Feigen auf ein Backblech und backen Sie sie 15-20 Minuten lang oder bis sie hellbraun sind. Auf einem Kuchengitter auskühlen lassen.

3.Legen Sie die Feigen in einen luftdichten 1-Liter-Glas- oder Plastikbehälter. Etwas Fenchelsamen darüber streuen. Mit einer Schicht Lorbeerblätter belegen. Schichten wiederholen, bis alle Zutaten verbraucht sind. Zugedeckt mindestens 1 Woche vor dem Servieren an einem kühlen Ort (aber nicht im Kühlschrank) lagern.

Honigminze in Sirup

Melone unter Minze

Ergibt 4 Portionen

Nach einem schönen Abendessen mit Fisch in einem Restaurant am Meer in Sizilien wurde uns diese frische Kombination aus Honigmelone in frischem Minzsirup serviert.

1 Tasse kaltes Wasser

1 1/2 Tasse Zucker

1/2 Tasse verpackte frische Minzeblätter und mehr zum Garnieren

8-12 Scheiben geschälte reife Honigmelone

1. Wasser, Zucker und Minzblätter in einem Topf mischen. Zum Kochen bringen und 1 Minute kochen lassen oder bis die Blätter weich werden. Vom Herd nehmen. Abkühlen lassen und den Sirup durch ein feines Sieb in eine Schüssel abseihen, damit die Minzblätter passiert werden.

zwei. Die Melone in eine Schüssel geben und den Sirup über die Melone gießen. Im Kühlschrank kurz abkühlen lassen. Mit Minzblättern garniert servieren.

Orangen in Orangensirup

Arancia-Marinade

Ergibt 8 Portionen

Saftige Orangen in süßem Sirup sind das perfekte Dessert nach einem herzhaften Essen. Ich serviere sie besonders gerne im Winter, wenn frische Orangen am besten schmecken. Die Orangen auf der Platte sehen mit der Orangenschale und dem prickelnden Sirup so hübsch aus. Alternativ Orangen in Scheiben schneiden und mit geschnittener reifer Ananas kombinieren. Die Orangensauce zu allem servieren.

8 große Stangenorangen

1 1/4 Tassen Zucker

2 EL Weinbrand oder Orangenlikör

1. Bürsten Sie die Orangen mit einem Pinsel. Schneiden Sie die Enden ab. Den farbigen Teil (Schale) der Orangenschale mit einem Gemüseschäler in breiten Streifen entfernen. Vermeiden Sie es, in die bitterweiße Senke zu graben. Stapeln

Sie Rindenstreifen und schneiden Sie sie in schmale Streichhölzer.

zwei. Von den Orangen das weiße Kerngehäuse entfernen. Die Orangen auf einer Servierplatte anrichten.

3.Einen kleinen Topf mit Wasser zum Kochen bringen. Die Orangenschale hinzugeben und bei schwacher Hitze garen. 1 Minute kochen. Die Schale abtropfen lassen und mit kaltem Wasser abspülen. Wiederholen. (Dies wird helfen, etwas von der Bitterkeit aus der Kruste zu entfernen.)

Vier. Den Zucker und 1/4 Tasse Wasser bei mittlerer Hitze in einen anderen kleinen Topf geben. Bringen Sie die Mischung zum Kochen. Kochen, bis der Zucker schmilzt und der Sirup eindickt, etwa 3 Minuten. Die Orangenschale hinzugeben und weitere 3 Minuten garen. Lass es abkühlen.

5.Fügen Sie den orangefarbenen Cognac zum Inhalt des Topfes hinzu. Die Orangenschale mit einer Gabel vom Sirup lösen und auf die Orangen legen. Gießen Sie den Sirup mit einem Löffel. Abdecken und bis zu 3 Stunden kühl stellen, bis sie servierfertig sind.

Gratinierte Orangen mit Zabaglione

Arancia allo Zabaione

Ergibt 4 Portionen

Gratiné ist ein französisches Wort, das bedeutet, die Oberfläche eines Gerichts zu bräunen. Es wird normalerweise für herzhafte Gerichte verwendet, die zum Bräunen mit Semmelbröseln oder Käse bestreut werden.

Zabaglione wird normalerweise pur oder als Soße für Obst oder Gebäck serviert. Hier wird es über die Orangen gegossen und kurz geröstet, bis sie hellbraun sind und sich ein cremiger Überzug bildet. Auch Bananen, Kiwis, Beeren oder andere Beeren lassen sich so zubereiten.

6 Stangenorangen, geschält und in dünne Scheiben geschnitten

sabayon

1 großes Ei

2 große Eigelb

1/3 Tasse Zucker

1/3 Tasse trockener oder süßer Marsala

1. Den Grill vorheizen. Die Orangenscheiben in einer feuerfesten Auflaufform leicht überlappend anrichten.

zwei. Machen Sie die Zabaglione: Füllen Sie einen kleinen Topf oder den Boden eines Topfes mit 2 Zoll Wasser. Bei schwacher Hitze zum Kochen bringen. In einer Schüssel, die größer als der Topfrand oder die Oberseite des Wasserbads ist, Ei, Eigelb, Zucker und Marsala verrühren. Mit einem Elektromixer schaumig schlagen. Über einen Topf mit kochendem Wasser stellen. Schlagen Sie, bis die Mischung eine blasse Farbe hat und eine gleichmäßige Form behält, wenn die Rührer angehoben werden, etwa 5 Minuten lang.

3. Die Zabaglione auf den Orangen verteilen. Stellen Sie die Schüssel für 1-2 Minuten unter den Grill oder bis die Zabaglione stellenweise braun ist. Sofort servieren.

Weiße Pfirsiche in Asti Spumante

Pesche Bianche in Asti Spumante

Ergibt 4 Portionen

Asti Spumante ist ein süßer und prickelnder Dessertwein aus dem Piemont im Nordwesten Italiens. Es hat einen zarten Geschmack und ein Aroma von Orangenblüten, die von Muscat-Trauben stammen. Wenn Sie keine weißen Pfirsiche finden können, eignen sich gelbe Pfirsiche gut oder ersetzen andere Sommerfrüchte wie Nektarinen, Pflaumen oder Aprikosen.

4 große reife weiße Pfirsiche

1 Löffel Zucker

8 Unzen kalter Asti Spumante

1.Pfirsiche schälen und entkernen. Schneiden Sie sie in dünne Scheiben.

zwei. Die Pfirsiche mit dem Zucker mischen und 10 Minuten stehen lassen.

3. Die Pfirsiche in Gläser oder Parfaitgläser füllen. Mit Asti Spumante aufgießen und sofort servieren.

Pfirsiche in Rotwein

Rotwein Pesche

Ergibt 4 Portionen

Ich erinnere mich, wie ich meinem Großvater dabei zusah, wie er seine selbst angebauten weißen Pfirsiche zerschnitt, um sie in einem Krug Rotwein einzuweichen. Die süßen Pfirsichsäfte zähmten die ganze Härte des Weins. Weiße Pfirsiche sind mein Favorit, aber gelbe Pfirsiche oder Nektarinen sind auch gut.

1/3 Tasse Zucker oder nach Geschmack

2 Tassen fruchtiger Rotwein

4 reife Pfirsiche

1. In einer mittelgroßen Schüssel Zucker und Wein mischen.

zwei. Die Pfirsiche halbieren und die Steine entfernen. Pfirsiche in kleine Stücke schneiden. Mischen Sie sie mit dem Wein. Abdecken und 2-3 Stunden kühl stellen.

3. Gießen Sie die Pfirsiche und den Wein in das Glas und servieren Sie es.

Amaretti gefüllte Pfirsiche

Pesche al-Forno

Ergibt 4 Portionen

Dies ist Piemonts Lieblingsdessert. Mit frischer Sahne beträufelt oder auf einer Kugel Eis servieren.

8 mittelgroße Pfirsiche, nicht zu reif

8 Amaretti

2 Esslöffel weiche ungesalzene Butter

2 Esslöffel Zucker

1 großes Ei

1. Stellen Sie den Rost in die Mitte des Ofens. Heizen Sie den Ofen auf 375 ° F. Fetten Sie eine Auflaufform ein, die groß genug ist, um die Pfirsichhälften in einer einzigen Schicht aufzunehmen.

zwei. Legen Sie die Amaretti-Kekse in eine Plastiktüte und zerdrücken Sie sie leicht mit einem schweren Gegenstand wie einem Nudelholz. Sie sollten etwa 1/2 Tasse haben. In einer mittelgroßen Schüssel Butter und Zucker schaumig schlagen und die Krümel dazugeben.

3.Folgen Sie der Linie um die Pfirsiche herum, schneiden Sie sie in zwei Hälften und entfernen Sie die Steine. Mit einem Grapefruitlöffel oder einem Melonenausstecher etwas Pfirsichfleisch aus der Mitte herauslösen, um die Öffnung zu erweitern, und zu der Krümelmischung hinzufügen. Fügen Sie das Ei der Mischung hinzu.

Vier. Die Pfirsichhälften mit der Schnittfläche nach oben auf einen Teller legen. Gießen Sie etwas von der Krümelmischung in jede Pfirsichhälfte.

5.1 Stunde backen oder bis die Pfirsiche weich sind. Heiß oder bei Zimmertemperatur servieren.

Birnen in Orangensauce

Pere all 'Arancia

Ergibt 4 Portionen

Als ich Anna Tasca Lanza in Regaleali, dem Weingut ihrer Familie in Sizilien, besuchte, gab sie mir etwas von ihrer ausgezeichneten Mandarinenmarmelade mit nach Hause. Anna verwendet die Marmelade sowohl als Brotaufstrich als auch als Dessertsauce, und sie hat mich dazu inspiriert, sie in die Wilderflüssigkeit der von mir gekochten Birnen zu mischen. Die Birnen hatten eine schöne goldene Glasur und jeder mochte das Endergebnis. Jetzt mache ich dieses Dessert oft. Da die Marmeladenvorräte von Anna schnell aufgebraucht waren, verwende ich hochwertige Orangenmarmelade aus dem Laden.

1 1/2 Tasse Zucker

1 Tasse trockener Weißwein

4 feste reife Birnen wie Anjou, Bartlett oder Bosc

1/3 Tasse Orangenmarmelade

2 Esslöffel Orangenlikör oder Rum

1.Kombinieren Sie Zucker und Wein in einem Topf, der groß genug ist, um die Birnen aufrecht zu halten. Bei mittlerer Hitze zum Kochen bringen und kochen, bis sich der Zucker aufgelöst hat.

zwei.Fügen Sie die Birnen hinzu. Decken Sie die Bratpfanne ab und kochen Sie sie etwa 30 Minuten lang oder bis die Birnen weich sind, wenn sie mit einem Messer durchstochen werden.

3.Verwenden Sie einen geschlitzten Löffel, um die Birnen auf eine Servierplatte zu geben. Die Marmelade zur Flüssigkeit in den Topf geben. Zum Kochen bringen und 1 Minute kochen. Vom Herd nehmen und Likör hinzufügen. Die Sauce über und um die Birnen gießen. Abdecken und vor dem Servieren mindestens 1 Stunde im Kühlschrank kalt stellen.

Birnen mit Marsala und Sahne

Birne al-Marsala

Ergibt 4 Portionen

Ich habe Birnen so in einer Trattoria in Bologna zubereitet. Wenn Sie sie direkt vor dem Abendessen zubereiten, haben sie die richtige Serviertemperatur, wenn Sie bereit für den Nachtisch sind.

Aus Sizilien importierter trockener und süßer Marsala ist erhältlich, obwohl trocken von besserer Qualität ist. Beide können zur Herstellung von Desserts verwendet werden.

4 große Anjou-, Bartlett- oder Bosc-Birnen, nicht überreif

1 1/4 Tasse Zucker

1 1/2 Tasse Wasser

1 1/2 Tasse trockener oder süßer Marsala

1 1/4 Tasse Sahne

1. Birnen schälen und längs halbieren.

zwei. Bringen Sie den Zucker und das Wasser bei mittlerer Hitze in einem Topf zum Kochen, der groß genug ist, um die Birnenhälften in einer einzigen Schicht aufzunehmen. Rühren, um den Zucker aufzulösen. Fügen Sie die Birnen hinzu und decken Sie die Pfanne ab. 5-10 Minuten garen oder bis die Birnen fast weich sind, wenn man sie mit einer Gabel einsticht.

3.Die Birnen mit einer Schaumkelle auf einen Teller geben. Den Marsala in die Pfanne geben und zum Kochen bringen. Etwa 5 Minuten kochen, bis der Sirup leicht dicklich ist. Die Sahne zugeben und weitere 2 Minuten köcheln lassen.

Vier. Die Birnen zurück in die Pfanne geben und mit der Sauce beträufeln. Die Birnen auf Servierteller verteilen und die Sauce darüber gießen. Vor dem Servieren auf Zimmertemperatur abkühlen lassen.

Birnen mit warmer Schokoladensauce

Pere Affogato al Cioccolato

Ergibt 6 Portionen

Frische Birnen in bittersüßer Schokoladensauce sind ein klassisches europäisches Dessert. Ich hatte es in Bologna, wo die Schokoladensauce aus Majani-Schokolade hergestellt wurde, einer lokal hergestellten Marke, die leider nicht weit von ihrer Heimatstadt entfernt ist. Verwenden Sie Zartbitterschokolade von guter Qualität. Eine Marke, die ich mag, Scharffen Berger, wird in Kalifornien hergestellt.

6 Anjou-, Bartlett- oder Bosc-Birnen, nicht überreif

2 Tassen Wasser

3 1/4 Tasse Zucker

4 (2 × 1/2 Zoll) Orangenschalenstreifen, in Stifte geschnitten

    1 1/2 Tassenheiße Fudge-Sauce

1. Die Birnen schälen, die Stiele intakt lassen. Mit einer Melonenschaufel oder einem kleinen Löffel das Kerngehäuse und die Kerne aus der Unterseite der Birnen herauskratzen.

zwei. Wasser, Zucker und Orangenschale in einem Topf, der groß genug ist, um alle Birnen aufrecht zu halten, bei schwacher Hitze zum Kochen bringen. Rühren, bis sich der Zucker auflöst.

3. Fügen Sie die Birnen hinzu und reduzieren Sie die Hitze. Decken Sie die Pfanne ab und garen Sie die Birnen unter einmaligem Wenden 20 Minuten lang oder bis sie weich sind, wenn sie mit einem kleinen Messer durchstochen werden. Die Birnen im Sirup abkühlen lassen.

Vier. Wenn Sie servierbereit sind, bereiten Sie die Schokoladensauce zu.

5. Die Birnen mit einer Schaumkelle auf Servierteller verteilen. (Halten Sie den Sirup abgedeckt und für eine andere Verwendung im Kühlschrank, z. B. zum Mischen mit geschnittenem Obst für einen Salat.) Mit warmer Schokoladensauce beträufeln. Sofort servieren.

Birnen mit Rumgeschmack

Pere al Rum

Ergibt 6 Portionen

Der süße, milde, fast blumige Geschmack einer reifen Birne passt gut zu vielen anderen ergänzenden Aromen. Früchte wie Orangen, Zitronen und Beeren und viele Käsesorten passen gut dazu, und zum Pochieren von Birnen werden oft Marsala und trockene Weine verwendet. Im Piemont war ich angenehm überrascht, diese langsam gekochten Birnen in gewürztem Rumsirup mit einem einfachen Haselnusskuchen serviert zu bekommen.

6 Anjou-, Bartlett- oder Bosc-Birnen, nicht überreif

1 1/4 Tasse brauner Zucker

1/4 Tasse dunkler Rum

1 1/4 Tasse Wasser

4 ganze Nelken

1.Die Birnen schälen, die Stiele intakt lassen. Mit einer Melonenschaufel oder einem kleinen Löffel das Kerngehäuse und die Kerne aus der Unterseite der Birnen herauskratzen.

zwei. In einem Topf, der groß genug für Birnen, Zucker, Rum und Wasser ist, bei mittlerer Hitze etwa 5 Minuten lang rühren, bis sich der Zucker aufgelöst hat. Fügen Sie die Birnen hinzu. Die Nelken um die Frucht verteilen.

3.Decken Sie die Pfanne ab und lassen Sie die Flüssigkeit aufkochen. Bei schwacher Hitze 15-20 Minuten kochen oder bis die Birnen weich sind, wenn sie mit einem Messer durchstochen werden. Verwenden Sie einen geschlitzten Löffel, um die Birnen auf einen Servierteller zu geben.

Vier. Die Flüssigkeit unter dem Deckel köcheln lassen, bis sie verdampft und eingedickt ist. Die Flüssigkeit über die Birnen abseihen. Lass es abkühlen.

5.Bei Zimmertemperatur servieren oder zugedeckt im Kühlschrank kalt stellen.

Birnen mit Pecorino-Geschmack

Pere allo Spezie und Pecorino

Ergibt 6 Portionen

Die Toskaner sind stolz auf ihren ausgezeichneten Pecorino-Käse. Jede Stadt hat ihre eigene Version, und jede schmeckt ein wenig anders als die anderen, je nachdem, wie sie gereift ist und woher die Milch kommt. Käse wird normalerweise recht jung und noch halbhart gegessen. Als Dessert wird der Käse manchmal mit etwas Honig versetzt oder mit Birnen serviert. Ich mag diese raffinierte Interpretation, die ich in Montalcino hatte: Pecorino, serviert mit Birnen, gekocht in lokalem Rotwein und Gewürzen und frischen Walnüssen.

Birnen werden natürlich auch pur oder mit einem großen Klecks Schlagsahne serviert.

6 mittelgroße Anjou-, Bartlett- oder Bosc-Birnen, nicht überreif

1 Tasse trockener Rotwein

1 1/2 Tasse Zucker

1 Stange Zimt (3 Zoll)

4 ganze Nelken

8 Unzen Pecorino Toscano, Asiago oder Parmigiano-Reggiano-Käse, in 6 Stücke geschnitten

12 Walnusshälften, geröstet

1. Stellen Sie den Rost in die Mitte des Ofens. Heizen Sie den Ofen auf 450 °F vor. Legen Sie die Birnen in eine Auflaufform, die groß genug ist, um sie aufrecht zu halten.

zwei. Wein und Zucker verrühren, bis der Zucker weich wird. Die Mischung über die Birnen gießen. Zimt und Nelken um die Birnen verteilen.

3. Die Birnen 45-60 Minuten backen, gelegentlich mit Wein begießen oder bis die Birnen weich sind, wenn man sie mit einem Messer durchsticht. Wenn die Flüssigkeit zu trocknen beginnt, bevor die Birnen gar sind, etwas warmes Wasser in die Pfanne geben.

Vier. Die Birnen auf einem Teller abkühlen lassen und ab und zu mit dem Bratensaft bestreichen. (Wenn die Säfte abkühlen, verdicken sie sich und überziehen die Birnen mit einer satten roten Glasur.) Entfernen Sie die Gewürze.

5. Die Birnen mit dem Sirup zimmerwarm oder leicht gekühlt servieren. Mit zwei Walnusshälften und einem Stück Käse auf Tellern anrichten.

Geschmorte Birnen mit Gorgonzola

Pere al-Gorgonzola

Ergibt 4 Portionen

Der würzige Geschmack von Gorgonzola gemischt mit glatter Sahne ist eine leckere Ergänzung zu diesen pochierten Birnen in Zitronen-Weißweinsirup. Ein Hauch von Pistazien fügt einen Hauch von leuchtender Farbe hinzu. Anjou-, Bartlett- und Bosc-Birnen sind meine Lieblingssorten zum Wildern, da sie durch ihre schlanke Form gleichmäßig reifen können. Geschmorte Birnen behalten ihre Form am besten, wenn die Frucht nicht überreif ist.

2 Tassen trockener Weißwein

2 Esslöffel frischer Zitronensaft

3 1/4 Tasse Zucker

2 (2 Zoll) Streifen Zitronenschale

4 Birnen wie Anjou, Bartlett oder Bosc

4 Unzen Gorgonzola

2 EL Ricotta, Mascarpone oder Schlagsahne

2 Esslöffel gehackte Pistazien

1. In einem mittelgroßen Topf Wein, Zitronensaft, Zucker und Zitronenschale vermischen. Zum Kochen bringen und 10 Minuten kochen.

zwei. In der Zwischenzeit die Birnen schälen und längs halbieren. Entfernen Sie die Kerne.

3. Die Birnen in den Weinsirup geben und etwa 10 Minuten garen, bis sie weich sind, wenn sie mit einem Messer durchstochen werden. Lass es abkühlen.

Vier. Mit einem Schaumlöffel zwei Birnenhälften mit der Kernseite nach oben auf jede Servierplatte legen. Den Sirup um die Birnen träufeln.

5. In einer kleinen Schüssel den Gorgonzola mit dem Ricotta zu einer glatten Paste pürieren. Etwas von der Käsemischung in das Innere jeder Birnenhälfte geben. Pistazien darüber streuen. Sofort servieren.

Birnen- oder Apfelpuddingkuchen

Budino di Pere oder Mele

Ergibt 6 Portionen

Dieses Dessert ist kein Kuchen oder Pudding, sondern besteht aus Früchten, die bis zur Reife gekocht und dann mit einer leicht kuchenartigen Füllung gebacken werden. Es ist gut mit Äpfeln oder Birnen oder sogar Pfirsichen oder Pflaumen.

Ich verwende gerne dunklen Rum, um dieses Dessert zu würzen, aber heller Rum, Cognac oder sogar Grappa können ersetzt werden.

3 1/4 Tasse Rosinen

1 1/2 Tasse dunkler Rum, Cognac oder Grappa

2 Esslöffel ungesalzene Butter

8 feste reife Birnen oder Äpfel, geschält und in 1/2-Zoll-Scheiben geschnitten

1/3 Tasse Zucker

Zunahme

6 Esslöffel ungesalzene Butter, geschmolzen und abgekühlt

1/3 Tasse Zucker

1 1/2 Tasse Allzweckmehl

3 große Eier, getrennt

zwei 1/3 Tasse Vollmilch

2 Esslöffel dunkler Rum, Cognac oder Grappa

1 Teelöffel reiner Vanilleextrakt

Eine Prise Salz

Puderzucker

1. Rosinen und Rum in einer kleinen Schüssel mischen. 30 Minuten stehen lassen.

zwei. Die Butter in einer großen Pfanne bei mittlerer Hitze schmelzen. Obst und Zucker zugeben. Unter gelegentlichem Rühren kochen, bis die Frucht fast weich ist, etwa 7 Minuten.

Rosinen und Rum zugeben. Weitere 2 Minuten kochen. Vom Herd nehmen.

3.Stellen Sie den Rost in die Mitte des Ofens. Backofen auf 350 ° F vorheizen.Eine 13 x 9 x 2-Zoll-Auflaufform einfetten. Gießen Sie die Fruchtmischung in die Auflaufform.

Vier. Machen Sie die Füllung: Butter und Zucker in einer großen Schüssel mit einem elektrischen Mixer schlagen, bis sie sich verbunden haben, etwa 3 Minuten. Fügen Sie das Mehl hinzu, nur um es zu mischen.

5.In einer mittelgroßen Schüssel Eigelb, Milch, Rum und Vanille verquirlen. Mischen Sie die Eimischung in die Mehlmischung, bis sie sich verbindet.

6.In einer anderen großen Schüssel mit sauberen Rührbesen das Eiweiß mit Salz bei niedriger Geschwindigkeit schaumig schlagen. Erhöhen Sie die Geschwindigkeit und schlagen Sie, bis sich weiche Spitzen bilden, etwa 4 Minuten. Das Eiweiß vorsichtig unter den restlichen Teig rühren. Gießen Sie den Teig über das Obst in der Auflaufform und backen Sie es 25 Minuten lang oder bis die Oberfläche goldbraun ist und sich fest anfühlt.

7.Warm servieren oder bei Zimmertemperatur mit Puderzucker bestreut servieren.

Warmes Fruchtkompott

Calda-Fruchtkompost

Ergibt 6-8 Portionen

Rum wird in Italien oft zum Würzen von Desserts verwendet. Dunkler Rum hat einen tieferen Geschmack als heller Rum. Sie können den Rum in diesem Rezept durch einen anderen Likör oder einen süßen Wein wie Marsala ersetzen, wenn Sie möchten. Oder machen Sie eine alkoholfreie Version mit Orangen- oder Apfelsaft.

2 feste reife Birnen, geschält und entkernt

1 Golden Delicious oder Granny Smith Apfel, geschält und entkernt

1 Tasse entkernte Pflaumen

1 Tasse getrocknete Feigen, Stielenden entfernt

1 1/2 Tasse getrocknete entsteinte Aprikosen

1 1/2 Tasse schwarze Rosinen

1 1/4 Tasse Zucker

2 (2 Zoll) Streifen Zitronenschale

1 Tasse Wasser

1 1/2 Tasse dunkler Rum

1. Birnen und Apfel in 8 Teile schneiden. Schneiden Sie die Scheiben in kleine Stücke.

zwei. Kombinieren Sie alle Zutaten in einem großen Topf. Zudecken und bei schwacher Hitze köcheln lassen. Etwa 20 Minuten kochen, bis die frischen Früchte weich und die getrockneten Früchte zart sind. Fügen Sie ein wenig Wasser hinzu, wenn sie trocken aussehen.

3. Vor dem Servieren leicht abkühlen oder abdecken und bis zu 3 Tage im Kühlschrank aufbewahren.

Venezianische karamellisierte Frucht

Golosezzi Veneziani

Ergibt 8 Portionen

Die Karamellbeschichtung auf diesen venezianischen Fruchtspießen härtet aus, um einem Karamellapfel zu ähneln. Tupfen Sie die Früchte trocken und bereiten Sie diese Fruchtspieße an einem trockenen Tag zu. Bei feuchtem Wetter härtet der Karamell nicht richtig aus.

1 Mandarine oder Clementine, geschält, in Teile geteilt

8 kleine Erdbeeren, geschält

8 kernlose Trauben

8 entsteinte Datteln

1 Tasse Zucker

1 1/2 Tasse leichter Maissirup

1 1/4 Tasse Wasser

1. Fädeln Sie die Fruchtstücke abwechselnd auf jeden der acht 6-Zoll-Holzspieße. Legen Sie das Kühlregal auf das Tablett.

zwei. Mischen Sie Zucker, Maissirup und Wasser in einer Pfanne, die groß genug ist, um die Spieße der Länge nach aufzunehmen. Bei mittlerer Hitze unter gelegentlichem Rühren kochen, bis sich der Zucker vollständig aufgelöst hat, etwa 3 Minuten. Wenn die Mischung zu kochen beginnt, hören Sie auf zu rühren und kochen Sie, bis der Sirup beginnt, an den Rändern zu bräunen. Dann die Pfanne vorsichtig über der Hitze schütteln, bis der Sirup gleichmäßig goldbraun ist, etwa 2 weitere Minuten.

3. Bratpfanne vom Herd nehmen. Tauchen Sie jeden Spieß mit einer Zange schnell in den Sirup und drehen Sie ihn so, dass die Frucht leicht, aber vollständig bedeckt ist. Lassen Sie den überschüssigen Sirup zurück in den Topf ablaufen. Die Spieße zum Abkühlen auf ein Gitter legen. (Wenn der Sirup in der Pfanne hart wird, bevor alle Spieße eingetaucht sind, erhitzen Sie ihn vorsichtig wieder.) Bei Raumtemperatur innerhalb von 2 Stunden servieren.

Obst mit Honig und Grappa

Composta di Frutta alla Grappa

Ergibt 6 Portionen

Grappa ist eine Art Brandy, der aus Vinaccia hergestellt wird, den Schalen und Kernen, die übrig bleiben, nachdem die Trauben zu Wein gepresst wurden. Es gab eine Zeit, als Grappa ein raues Getränk war, das hauptsächlich von Arbeitern und Arbeitern in Norditalien getrunken wurde, um sie an kalten Wintertagen aufzuwärmen. Heute ist Grappa ein sehr raffiniertes Getränk, das in Designerflaschen mit dekorativen Verschlüssen verkauft wird. Einige Grappas werden mit Früchten oder Kräutern aromatisiert, während andere in Holzfässern reifen. Verwenden Sie für diesen Obstsalat und andere Kochzwecke einfachen, geschmacksneutralen Grappa.

1/3 Tasse Honig

1/3 Tassen Grappa, Cognac oder Fruchtlikör

1 Esslöffel frischer Zitronensaft

2 Kiwis, geschält und in Scheiben geschnitten

2 Stangenorangen, geschält und in Scheiben geschnitten

1 Pint Erdbeeren, in Scheiben geschnitten

1 Tasse grüne kernlose Trauben, halbiert

2 mittelgroße Bananen, in Scheiben geschnitten

1.In einer großen Servierschüssel Honig, Grappa und Zitronensaft verquirlen.

zwei. Kiwis, Orangen, Erdbeeren und Weintrauben dazugeben. Kühlen Sie für mindestens 1 Stunde oder bis zu 4 Stunden. Die Kochbananen kurz vor dem Servieren hinzugeben.

Winterfruchtsalat

Mazedonien im Winter

Ergibt 6 Portionen

In Italien heißt der Obstsalat Mazedonien, weil das Land einst in mehrere kleine Teile geteilt war, die zu einem Ganzen zusammengesetzt wurden, so wie ein Salat aus mundgerechten Stücken verschiedener Früchte besteht. Im Winter, wenn die Obstauswahl begrenzt ist, bereiten die Italiener solche Salate mit Honig und Zitronensaft zu. Alternativ Honig durch Aprikosenmarmelade oder Orangenmarmelade ersetzen.

3 Esslöffel Honig

3 Esslöffel Orangensaft

1 Esslöffel frischer Zitronensaft

2 Grapefruits, geschält und in Scheiben geschnitten

2 Kiwis, geschält und in Scheiben geschnitten

2 reife Birnen

2 Tassen grüne kernlose Trauben, längs halbiert

1. Mischen Sie in einer großen Schüssel Honig, Orangensaft und Zitronensaft.

zwei. Das Obst in die Schüssel geben und gut vermischen. Kühlen Sie für mindestens 1 Stunde oder bis zu 4 Stunden vor dem Servieren.

gegrillte Sommerfrüchte

Spiedini alla Frutta

Ergibt 6 Portionen

Gegrillte Sommerfrüchte eignen sich hervorragend zum Grillen. Alleine oder mit Tortenstücken und Eis servieren.

Wenn Sie Holzspieße verwenden, weichen Sie sie mindestens 30 Minuten lang in kaltem Wasser ein, damit sie nicht anbrennen.

2 Nektarinen, in 1-Zoll-Stücke geschnitten

2 Pflaumen, in 1-Zoll-Stücke geschnitten

2 Birnen, in 1-Zoll-Stücke geschnitten

2 Aprikosen, geviertelt

2 Bananen, in 1-Zoll-Stücke geschnitten

frische Minzblätter

Etwa 2 Esslöffel Zucker

1.Stellen Sie den Grillrost oder Grill etwa 5 Zoll von der Wärmequelle entfernt auf. Grill oder Grill vorheizen.

zwei. Auf 6 Spieße die Fruchtstücke abwechselnd mit Minzblättern anrichten. Zucker darüber streuen.

3.Die Früchte 3 Minuten auf der anderen Seite grillen oder rösten. Drehen Sie die Spieße und grillen oder braten Sie sie, bis sie leicht gebräunt sind, etwa 2 weitere Minuten. Heiß servieren.

Warmer Ricotta mit Honig

Ricotta mit Honig

Ergibt 2-3 Portionen

Der Erfolg dieses Desserts hängt von der Qualität des Ricotta ab, kaufen Sie also den frischesten, der erhältlich ist. Während teilweise entrahmter Ricotta in Ordnung ist, ist entrahmter Ricotta sehr körnig und langweilig, also verwende ihn nicht. Wer mag, fügt frisches Obst hinzu oder probiert Rosinen und eine Prise Zimt.

1 Tasse Vollmilch-Ricotta

2 Esslöffel Honig

1. Gib den Ricotta in eine kleine Schüssel über einen kleineren Topf mit kochendem Wasser. Handwarm erhitzen, ca. 10 Minuten. Gut mischen.

zwei. Den Ricotta auf Tellern anrichten. Mit Honig beträufeln. Sofort servieren.

Ricotta-Kaffee

Ricotta alle 'Caffè

Ergibt 2-3 Portionen

Hier ist ein schnelles Dessert, das sich für viele Variationen eignet. Mit einfachen Butterkeksen servieren.

Wenn Sie keinen fein gemahlenen Espresso kaufen können, lassen Sie den gemahlenen Kaffee unbedingt durch eine Kaffeemühle oder Küchenmaschine laufen. Wenn die Körner zu groß sind, vermischt sich das Dessert nicht gut und wird rau.

1 Tasse (8 Unzen) ganzer oder teilweise entrahmter Ricotta

1 EL fein gemahlener Kaffee (Espresso)

1 Löffel Zucker

Schokoladenstückchen

> Ricotta, Espresso und Zucker in einer mittelgroßen Schüssel verquirlen, bis die Mischung glatt ist und sich der Zucker aufgelöst hat. (Wenn Sie eine cremigere Konsistenz wünschen, mixen Sie die Zutaten in einer Küchenmaschine.)

In Parfaitgläser oder Gläser füllen und mit Schokoladenstückchen bestreuen. Sofort servieren.

Variation: Für Schokolade in Ricotta den Kaffee durch 1 Esslöffel ungesüßten Kakao ersetzen.

Mascarpone und Pfirsiche

Mascarpone al Pesche

Ergibt 6 Portionen

Zart-cremiger Mascarpone und Pfirsiche mit frischen Amaretti sehen in Parfaits oder Weingläsern wunderschön aus. Servieren Sie dieses Dessert zum Abendessen. Niemand wird erraten, wie einfach es ist.

1 Tasse (8 Unzen) Mascarpone

1 1/4 Tasse Zucker

1 Esslöffel frischer Zitronensaft

1 Tasse sehr kalte Schlagsahne

3 Pfirsiche oder Nektarinen, geschält und in kleine Stücke geschnitten

1/3 Tasse Orangenlikör, Amaretto oder Rum

8 Amaretti-Kekse, zerkleinert (ca. 1/2 Tasse)

2 Esslöffel geröstete Mandelscheiben

1.Stellen Sie die große Schüssel und die Rührbesen des Elektromixers mindestens 20 Minuten vor der Zubereitung des Desserts in den Kühlschrank.

zwei. Wenn Sie fertig sind, Mascarpone, Zucker und Zitronensaft in einer mittelgroßen Schüssel verquirlen. Schüssel und Schneebesen aus dem Kühlschrank nehmen. Gießen Sie die Sahne in eine gekühlte Schüssel und schlagen Sie die Sahne mit hoher Geschwindigkeit, bis sie sanft ihre Form behält, wenn die Rührbesen angehoben werden, etwa 4 Minuten lang. Schlagsahne mit einem Spatel vorsichtig unter die Mascarponemasse rühren.

3.In einer mittelgroßen Schüssel Pfirsiche und Likör mischen.

Vier. Die Hälfte der Mascarponecreme in sechs Parfait- oder Weingläser gießen. Pfirsiche schichten und Amarettibrösel darüber streuen. Mit restlicher Sahne auffüllen. Abdecken und bis zu 2 Stunden kühl stellen.

5.Vor dem Servieren mit Mandeln bestreuen.

Schokoladenmousse mit Himbeeren

Spuma di Cioccolato al Lampone

Ergibt 8 Portionen

In Mascarpone und Schokolade gefaltete Schlagsahne ist wie ein Instant-Schokoladenmousse. Himbeeren sind eine süße und würzige Füllung.

1 Pint Himbeeren

1-2 Esslöffel Zucker

2 Esslöffel Himbeer-, Kirsch- oder Orangenlikör

3 Unzen bittersüße oder halbsüße Schokolade

1 1/2 Tasse (4 Unzen) Mascarpone bei Raumtemperatur

2 Tassen kalte Schlagsahne oder Schlagsahne

Schokoladenstückchen zur Dekoration

1. Stellen Sie die große Schüssel und die Rührbesen des Elektromixers mindestens 20 Minuten vor der Zubereitung des Desserts in den Kühlschrank.

zwei. Wenn Sie fertig sind, mischen Sie die Himbeeren mit dem Zucker und dem Likör in einer mittelgroßen Schüssel. Beiseite legen.

3.Füllen Sie einen kleinen Topf mit einem Zoll Wasser. Bei schwacher Hitze zum Kochen bringen. Geben Sie die Schokolade in Behälter, die größer als der Topfrand sind, und stellen Sie den Behälter über das kochende Wasser. Stehen lassen, bis die Schokolade schmilzt. Vom Herd nehmen und die Schokolade glatt rühren. Etwas abkühlen lassen, etwa 15 Minuten. Mascarpone mit einem Gummispatel unterheben.

Vier. Nehmen Sie die kalte Schüssel und die Mixer aus dem Kühlschrank. Gießen Sie die Sahne in eine Schüssel und schlagen Sie die Sahne mit hoher Geschwindigkeit, bis sie sanft ihre Form behält, wenn die Rührbesen angehoben werden, etwa 4 Minuten lang.

5.Die Hälfte der Creme mit einem Spatel vorsichtig unter die Schokoladenmasse heben und die andere Hälfte für die Füllung aufbewahren.

6.Die Hälfte der Schokoladencreme in acht Parfaitgläser füllen. Mit Himbeeren belegen. Gießen Sie die restliche

Schokoladencreme. Mit Schlagsahne toppen. Mit Schokoladenraspeln dekorieren. Sofort servieren.

Tiramisu

Tiramisu

Ergibt 8-10 Portionen

Niemand ist sich sicher, warum dieses Dessert auf Italienisch "Pick Me Up" heißt, aber der Name stammt vermutlich vom Koffein, das Kaffee und Schokolade liefern. Während die klassische Version rohes Eigelb gemischt mit Mascarpone enthält, ist meine Version ohne Ei, weil ich den Geschmack von rohen Eiern nicht mag und finde, dass sie das Dessert schwerer als nötig machen.

Savoiardia (aus Italien importiertes Shortbread) ist weit verbreitet, aber normale Biskuitkuchen oder Biskuitkuchenstücke können ersetzt werden. Wenn Sie möchten, fügen Sie dem Kaffee ein paar Esslöffel Rum oder Cognac hinzu.

1 Tasse kalte Schlagsahne oder Sahne

1 Kilo Mascarpone

1/3 Tasse Zucker

24 Savoiards (importierte italienische Cracker)

1 Tasse gebrühter Espresso bei Raumtemperatur

2 Esslöffel ungesüßtes Kakaopulver

1.Stellen Sie die große Schüssel und die Rührbesen des Elektromixers mindestens 20 Minuten vor der Zubereitung des Desserts in den Kühlschrank.

zwei. Wenn Sie fertig sind, nehmen Sie die Schüssel und die Schneebesen aus dem Kühlschrank. Gießen Sie die Sahne in eine Schüssel und schlagen Sie die Sahne mit hoher Geschwindigkeit, bis sie sanft ihre Form behält, wenn die Rührbesen angehoben werden, etwa 4 Minuten lang.

3.Mascarpone und Zucker in einer großen Schüssel glatt rühren. Nehmen Sie etwa ein Drittel der Schlagsahne und heben Sie sie vorsichtig mit einem flexiblen Spatel unter die Mascarpone-Mischung, um sie zu verdünnen. Restliche Sahne vorsichtig unterrühren.

Vier. Die Hälfte des Savoiard leicht und schnell in den Kaffee tunken. (Drücken Sie sie nicht zu sehr, sonst zerbröckeln sie.) Ordnen Sie die Kekse in einer einzigen Schicht auf einer quadratischen oder runden Servierplatte von 9 x 2 Zoll an. Die Hälfte der Mascarponecreme darüber gießen.

5. Den Rest der Savoyer in den Kaffee dippen und auf die Mascarpone schichten. Den Rest der Mascarpone-Mischung darüber streuen und mit einem Spatel vorsichtig verteilen. Den Kakao in ein feines Sieb geben und über das Dessert schütteln. Mit Folie oder Plastikfolie abdecken und 3-4 Stunden oder über Nacht im Kühlschrank lagern, damit sich die Aromen vermischen können. Im Kühlschrank hält es sich gut bis zu 24 Stunden.

Erdbeer Tiramisu

Tiramisù unter Fragole

Ergibt 8 Portionen

Hier ist eine Erdbeerversion von Tiramisu, die ich in einem italienischen Kochmagazin gefunden habe. Ich mag es sogar lieber als die Kaffee-Variante, aber ich bevorzuge alle Arten von Desserts auf Fruchtbasis.

Maraschino ist ein klarer, leicht bitterer italienischer Kirschlikör, benannt nach der Sorte Marasche-Kirschen. Maraschino ist hier erhältlich, aber Sie können ihn auch durch einen anderen Fruchtlikör ersetzen, wenn Sie möchten.

3 Pints Erdbeeren, gewaschen und geschält

1 1/2 Tasse Orangensaft

1/4 Tasse Maraschino, Crème di Cassis oder Orangenlikör

1 1/4 Tasse Zucker

1 Tasse kalte Schlagsahne oder Sahne

8 Unzen Mascarpone

24 Savoiardi (Finger einer Italienerin)

1. Reservieren Sie 2 Tassen der schönsten Erdbeeren zum Garnieren. Rest abschneiden. In einer großen Schüssel die Erdbeeren mit Orangensaft, Likör und Zucker mischen. 1 Stunde bei Zimmertemperatur stehen lassen.

zwei. Stellen Sie in der Zwischenzeit eine große Schüssel und die Rührbesen des Elektromixers in den Kühlschrank. Wenn Sie fertig sind, nehmen Sie die Schüssel und die Schneebesen aus dem Kühlschrank. Gießen Sie die Sahne in eine Schüssel und schlagen Sie die Sahne mit hoher Geschwindigkeit, bis sie sanft ihre Form behält, wenn die Rührbesen angehoben werden, etwa 4 Minuten lang. Mascarpone mit einem flexiblen Pfannenwender vorsichtig unterheben.

3. Legen Sie Kekse auf eine quadratische oder runde Servierplatte von 9 x 2 Zoll. Gießen Sie die Hälfte der Erdbeeren und ihren Saft hinein. Die Hälfte der Mascarponecreme auf den Beeren verteilen.

Vier. Wiederholen Sie dies mit einer weiteren Schicht Cupcakes, Erdbeeren und Sahne und verteilen Sie die Sahne vorsichtig mit einem Spachtel. Abdecken und für 3-4 Stunden oder über Nacht in den Kühlschrank stellen, damit sich die Aromen vermischen können.

5. Die restlichen Erdbeeren kurz vor dem Servieren in Scheiben schneiden und in Reihen darauf anrichten.

Italienische Kleinigkeit

Englisch Zuppa

Ergibt 10-12 Portionen

„Englische Suppe" ist der lustige Name dieses leckeren Desserts. Es wird angenommen, dass italienische Köche die Idee von der englischen Kleinigkeit entlehnt und italienische Details hinzugefügt haben.

1Vin Santo klingeltoder 1 (12 Unzen) im Laden gekaufter Biskuitkuchen, in Scheiben geschnitten, 1/4 Zoll dick

1/2 Tasse Kirsch- oder Himbeermarmelade

11/2 Tasse dunkler Rum oder Orangenlikör

Jeweils 21/2 TassenSchokoladen- und Vanillegebäckcreme

1 Tasse Schlagsahne oder Schlagsahne

frische Himbeeren zur Dekoration

Schokoladenstückchen zur Dekoration

1. Bereiten Sie bei Bedarf Biskuit und Gebäck zu. Dann in einer kleinen Schüssel die Marmelade und den Rum verquirlen.

zwei. Gießen Sie die Hälfte des Vanillepuddings auf den Boden einer 3-Liter-Servierschüssel. 1/4 der Kuchenstücke darauf legen und 1/4 mit der Marmeladenmischung bestreichen. Die Hälfte der Schokoladencreme darauf geben.

3. Machen Sie eine weitere 1/4 Schicht der Kuchen-Marmelade-Mischung. Wiederholen Sie dies mit der restlichen Vanillecreme, 1/4 der restlichen Kuchen-Marmeladen-Mischung, der Fudge-Creme und der restlichen Kuchen-Marmeladen-Mischung. Dicht mit Plastik abdecken und für mindestens 3 Stunden und bis zu 24 Stunden im Kühlschrank aufbewahren.

Vier. Stellen Sie die große Schüssel und die Schneebesen des Elektromixers mindestens 20 Minuten vor dem Servieren in den Kühlschrank. Schüssel und Mixer kurz vor dem Servieren aus dem Kühlschrank nehmen. Gießen Sie die Sahne in eine Schüssel und schlagen Sie sie mit hoher Geschwindigkeit, bis sie sanft ihre Form behält, wenn die Rührbesen angehoben werden, etwa 4 Minuten lang.

5. Die Sahne über die Füllung gießen. Mit Himbeeren und Schokoladenstückchen garnieren.

sabayon

Ergibt 2 Portionen

In Italien ist Zabaglione (ausgesprochen tsah-bahl-yo-neh; das g ist stumm) ein süßes und cremiges Dessert auf Eibasis, das oft als erfrischendes Tonikum für Menschen mit Grippe oder anderen Krankheiten verwendet wird. Ob krank oder nicht, es ist ein köstliches Dessert für sich oder als Soße mit Obst oder Kuchen.

Zabaglione muss sofort nach der Herstellung gegessen werden, sonst kann es ranzig werden. Wenn Sie die Zabaglione im Voraus zubereiten möchten, sehen Sie sich das Rezept ankalte Zabaione.

3 große Eigelb

3 Esslöffel Zucker

3 Esslöffel Marsala oder trockener oder süßer Vin Santo

1. Bringen Sie auf dem Boden eines Wasserbads oder eines mittelgroßen Topfes etwa 2 Zoll Wasser zum Kochen.

zwei. Eigelb und Zucker mit einem elektrischen Mixer bei mittlerer Geschwindigkeit glatt schlagen, etwa 2 Minuten auf der Oberseite eines Wasserbads oder in einer hitzebeständigen Schüssel, die fest auf den Kessel passt. Marsala hinzufügen. Gießen Sie die Mischung über das kochende Wasser. (Lassen Sie das Wasser nicht kochen, sonst schlagen die Eier.)

3.Über kochendem Wasser erhitzen, Eimasse weiter schlagen, bis sie hellgelb und sehr schaumig ist. Es wird glatt sein, wenn es aus dem Mixer fällt, 3-5 Minuten.

Vier. In hohe Gläser füllen und sofort servieren.

Schokoladen-Zabaillone

Zabaione al Cioccolato

Ergibt 4 Portionen

Diese Variation von Zabaglione ist wie eine reichhaltige Schokoladenmousse. Warm mit kalter Schlagsahne servieren.

3 Unzen bittersüße oder halbsüße Schokolade, gehackt

1 1/4 Tasse Sahne

4 große Eigelb

1 1/4 Tasse Zucker

2 EL Rum oder Amarettolikör

1. Bringen Sie auf dem Boden eines Wasserbads oder eines mittelgroßen Topfes etwa 2 Zoll Wasser zum Kochen. Kombinieren Sie Schokolade und Sahne in einer kleinen hitzebeständigen Schüssel, die über kochendem Wasser steht. Stehen lassen, bis die Schokolade schmilzt. Mit einem flexiblen Spatel glatt rühren. Vom Herd nehmen.

zwei. Eigelb und Zucker mit einem elektrischen Mixer auf dem Topf oder in einem anderen hitzebeständigen Behälter, der auf den Topf passt, etwa 2 Minuten lang glatt schlagen. Rum hinzufügen. Gießen Sie die Mischung über das kochende Wasser. (Lassen Sie das Wasser nicht kochen, sonst schlagen die Eier.)

3.Die Eigelbmischung schlagen, bis sie leicht und locker ist und ihre Form behält, wenn sie aus dem Schneebesen fällt, 3 bis 5 Minuten lang. Vom Herd nehmen.

Vier. Die Schokoladenmischung vorsichtig mit einem Gummispatel unterheben. Sofort servieren.

Kalte Zabaglione mit roten Beeren

Zabaglione Freddo mit Frutti di Bosco

Ergibt 6 Portionen

Wenn Sie Zabaglione nicht direkt vor dem Servieren zubereiten möchten, ist diese kalte Version eine gute Alternative. Die Zabaglione wird in einem Eiswasserbad gekühlt und dann unter Schlagsahne gehoben. Dies kann bis zu 24 Stunden im Voraus erfolgen. Ich serviere ihn gerne zu frischen Beeren oder reifen Feigen.

1 Rezept (ca. 1 1/2 Tassen) sabayon

3 1/4 Tasse kalte schwere oder Schlagsahne

2 Esslöffel Puderzucker

1 Esslöffel Orangenlikör

1 1/2 Tassen Heidelbeeren, Himbeeren oder eine Kombination davon, gespült und getrocknet

1. Stellen Sie die große Schüssel und die elektrischen Rührbesen für mindestens 20 Minuten in den Kühlschrank, bevor Sie bereit sind, die Zabaglione zuzubereiten. Füllen Sie einen weiteren großen Behälter mit Eis und Wasser.

zwei. Bereiten Sie die Zabaglione in Schritt 3 zu. Sobald die Zabaglione fertig ist, nehmen Sie sie aus dem kochenden Wasser und stellen Sie die Schüssel auf Eiswasser. Schlagen Sie die Zabaglione mit einem Schneebesen, bis sie kalt ist, etwa 3 Minuten.

3.Nehmen Sie die kalte Schüssel und die Mixer aus dem Kühlschrank. Gießen Sie die Sahne in eine Schüssel und schlagen Sie die Sahne mit hoher Geschwindigkeit, bis sie beginnt, eine glatte Form zu bilden, etwa 2 Minuten. Puderzucker und Orangenlikör zugeben. Während die Rührbesen angehoben sind, schlagen Sie die Sahne etwa 2 Minuten lang glatt, bis sie glatt ist. Die kalte Zabaglione vorsichtig mit einem flexiblen Pfannenwender unterheben. Zugedeckt im Kühlschrank mindestens 1 Stunde vor dem Servieren kalt stellen.

Vier. Die Beeren auf 6 Servierteller verteilen. Mit kalter Zabaglione-Creme garnieren und sofort servieren.

Zitronengelee

Zitronengelee

Ergibt 6 Portionen

Zitronensaft und -schale machen dieses Dessert leicht und erfrischend.

2 Beutel nicht aromatisierte Gelatine

1 Tasse Zucker

2 1/2 Tassen kaltes Wasser

2 (2 Zoll) Streifen Zitronenschale

zwei/3 dl frischer Zitronensaft

Zitronenscheiben und Minzzweige zur Dekoration

1. In einem mittelgroßen Topf Gelatine und Zucker mischen. Wasser und Zitronenschale zugeben. Bei mittlerer Hitze unter ständigem Rühren kochen, bis sich die Gelatine vollständig aufgelöst hat, etwa 3 Minuten. (Die Mischung nicht kochen lassen.)

zwei. Vom Herd nehmen und Zitronensaft hinzufügen. Gießen Sie die Mischung durch ein feines Sieb in ein 5-Tassen-Förmchen oder eine Schüssel. Abdecken und im Kühlschrank 4 Stunden bis über Nacht fest werden lassen.

3.Wenn Sie servierbereit sind, füllen Sie die Schüssel mit warmem Wasser und tauchen Sie die Form 30 Sekunden lang in das Wasser. Führen Sie ein kleines Messer um die Seiten. Legen Sie einen Teller über die Form und halten Sie sie zusammen, drehen Sie sie um, um die Gelatine auf den Teller zu übertragen. Mit Zitronenscheiben und einem Zweig Minze garnieren.

Orangen-Rum-Gelee

Gelatine von Arancia al Rhum

Ergibt 4 Portionen

Die nach Rum duftende Schlagsahne ist eine schöne Ergänzung. Am besten funktioniert hier Blutorangensaft.

2 Beutel nicht aromatisierte Gelatine

1 1/2 Tasse Zucker

1 1/2 Tasse kaltes Wasser

3 Tassen frischer Orangensaft

2 Esslöffel dunkler Rum

Orangenscheiben zur Dekoration

1. In einem mittelgroßen Topf Gelatine und Zucker mischen. Das Wasser hinzugeben und bei mittlerer Hitze unter ständigem Rühren etwa 3 Minuten kochen, bis sich die Gelatine vollständig aufgelöst hat. (Die Mischung nicht kochen lassen.)

zwei. Vom Herd nehmen und Orangensaft und Rum hinzufügen. Gießen Sie die Mischung in ein 5-Tassen-Förmchen oder eine Schüssel. Abdecken und im Kühlschrank 4 Stunden bis über Nacht fest werden lassen.

3.Wenn Sie servierbereit sind, füllen Sie die Schüssel mit warmem Wasser und tauchen Sie die Form 30 Sekunden lang in das Wasser. Führen Sie ein kleines Messer um die Seiten. Legen Sie einen Teller über die Form und halten Sie sie zusammen, drehen Sie sie um, um die Gelatine auf den Teller zu übertragen. Mit Orangenscheiben garnieren.

Mit Thunfisch gefüllte Zucchini

Zucchini in Tonto

Ergibt 6 Portionen

Ich habe sie als Aperitif in einem toskanischen Restaurant gegessen. Ich serviere sie oft als Hauptgericht mit einem grünen Salat.

2 Scheiben italienisches oder französisches Brot, einen Tag alt, ohne Kruste (etwa 1/3 Tasse Brot)

1 1/2 Tasse Milch

6 kleine Zucchini, geschnitten

1 Dose (6 1/2 oz.) Thunfisch in Olivenöl verpackt

1/4 Tasse frisch geriebener Parmigiano-Reggiano plus 2 EL

1 Knoblauchzehe, fein gehackt

2 Esslöffel gehackte frische glatte Petersilie

Frisch geriebener Muskatnuss

Salz und frisch gemahlener schwarzer Pfeffer

1 großes Ei, leicht geschlagen

1.Stellen Sie den Rost in die Mitte des Ofens. Ofen vorheizen auf 425 ° F. Fetten Sie ein Backblech ein, das groß genug ist, um die Zucchinihälften in einer einzigen Schicht zu halten.

zwei. Das Brot mit Milch beträufeln und einweichen lassen, bis es weich wird. Bürsten Sie die Zucchini mit einer Bürste unter fließendem kaltem Wasser. Schneiden Sie die Enden ab.

3.Die Zucchini längs halbieren. Schöpfen Sie das Fruchtfleisch mit einem kleinen Löffel heraus, lassen Sie eine 1/4-Zoll-Schale übrig und bewahren Sie das Fruchtfleisch auf. Die Zucchinischalen mit der Schnittfläche nach oben in die vorbereitete Pfanne legen. Die Zucchini hacken und in eine Schüssel geben.

Vier. Den Thunfisch abtropfen lassen und das Öl aufbewahren. Den Thunfisch in eine große Schüssel reißen. Drücken Sie das Brot aus und geben Sie es zu Thunfisch und gehackter Zucchini, 1/4 Tasse Käse, Knoblauch, Petersilie, Muskatnuss und Salz und Pfeffer nach Geschmack. Gut mischen. Fügen Sie ein Ei hinzu.

5.Gießen Sie die Mischung in die Zucchinischalen. Die Zucchini in die Auflaufform legen. Das reservierte Thunfischöl darüber streuen. Den restlichen Käse darüber streuen. Gießen Sie 1/2 Tasse Wasser um die Zucchini.

6.30-40 Minuten backen oder bis die Zucchini goldbraun und zart sind, wenn sie mit einem Messer durchstochen werden. Warm oder bei Zimmertemperatur servieren.

gebratene Zucchini

Zucchini-Fritte

Ergibt 6 Portionen

Das Bier verleiht diesem Teig einen schönen Geschmack und eine schöne Farbe, während die Blasen ihn leicht machen. Der Teig eignet sich auch zum Braten von Fisch, Zwiebelringen und anderem Gemüse.

6 kleine Zucchini

1 Tasse Allzweckmehl

2 große Eier

1/4 Tasse Bier

Pflanzenöl zum Braten

Salz

1. Bürsten Sie die Zucchini mit einer Bürste unter fließendem kaltem Wasser. Schneiden Sie die Enden ab. Zucchini in 2 x 1/4 x 1/4 Zoll Streifen schneiden.

zwei. Das Mehl auf dem Wachspapier verteilen. Die Eier in einer flachen Schüssel schaumig schlagen. Das Bier unterrühren, bis alles gut vermischt ist.

3. Gießen Sie etwa 2 Zoll Öl in einen schweren Topf oder eine Fritteuse gemäß den Anweisungen des Herstellers. Erhitzen Sie das Öl bei mittlerer Hitze, bis ein Tropfen Eiermischung brutzelt, wenn Sie es in die Pfanne geben, und die Temperatur auf einem Lebensmittelthermometer 370 ° F erreicht.

Vier. Tauchen Sie etwa ein Viertel der Zucchinistreifen in das Mehl und tauchen Sie sie dann in die Eimischung.

5. Halten Sie die Zucchini mit einer Zange fest, lassen Sie den überschüssigen Teig abtropfen und lassen Sie die Zucchini Stück für Stück in das Öl fallen. Fügen Sie einfach so viele hinzu, wie Sie ohne Überfüllung aufnehmen können. Braten Sie die Zucchini, bis sie knusprig und goldbraun sind, etwa 2 Minuten. Entfernen Sie die Zucchini mit einer Schaumkelle. Auf Küchenpapier abtropfen lassen. Auf niedriger Stufe im Ofen warm halten, während Sie den Rest backen.

6. Salz darüber streuen und heiß servieren.

Stücke Zucchini

Zucchini-Form

Ergibt 6 Portionen

Sie benötigen sechs kleine Förmchen oder Backförmchen, um diese zarten Brötchen herzustellen. Als Beilage zu Braten oder Schinken zum Frühlingsbrunch servieren. Normalerweise lasse ich sie ein oder zwei Minuten ruhen und nehme sie dann aus der Pfanne, aber wenn Sie sie direkt aus dem Ofen servieren, während sie noch geschwollen sind, ergeben sie ein schönes Vorspeisensouffle. Beeil dich aber; sie sinken schnell.

Sie können Zucchini durch Brokkoli, Spargel, Karotten oder anderes Gemüse ersetzen.

1 Esslöffel ungesalzene Butter, geschmolzen

3 mittelgroße Zucchini, in dicke Scheiben schneiden

4 große Eier, getrennt

1/2 Tasse geriebener Parmigiano-Reggiano

Eine Prise Salz

eine Prise gemahlene Muskatnuss

1.Bürsten Sie die Zucchini mit einer Bürste unter fließendem kaltem Wasser. Schneiden Sie die Enden ab.

zwei. Stellen Sie den Rost in die Mitte des Ofens. Ofen auf 350 °F vorheizen. Sechs 4-Unzen-Auflaufförmchen oder Puddingbecher großzügig mit geschmolzener Butter bestreichen.

3.Einen großen Topf Wasser zum Kochen bringen. Zucchini dazugeben und bei schwacher Hitze garen. 1 Minute kochen. Zucchini gut abtropfen lassen. Tupfen Sie die Stücke mit Küchenpapier trocken. Die Zucchini in einer Mühle mahlen oder in einem Mixer glatt rühren. Das Zucchini-Püree in eine große Schüssel umfüllen.

Vier. Eigelb, Parmigiano, Salz und Muskatnuss zu den Zucchini geben und gut vermischen.

5.Das Eiweiß in einer großen Schüssel mit einem Elektromixer schlagen, bis sich beim Anheben des Rührbesens weiche Spitzen bilden. Das Eiweiß vorsichtig mit einem Gummispatel unter die Zucchinimischung heben.

6. Gießen Sie die Mischung in die Tassen. Backen Sie für 15-20 Minuten oder bis die Oberseite leicht gebräunt ist und ein Messer, das in der Nähe der Mitte eingesetzt wird, sauber herauskommt. Tassen aus dem Ofen nehmen. 2 Minuten stehen lassen, mit einem kleinen Messer durch die Innenseite der Tassen stechen und die Scheiben auf einen Teller stürzen.

Süß-saurer Winterkürbis

Fegato dei Sette Cannoli

Der sizilianische Name für diesen Kürbis ist „Leber der sieben Kanonen". Das Sieben-Kanonen-Viertel von Palermo, benannt nach dem berühmten Brunnen und Denkmal, war einst so arm, dass sich seine Bewohner kein Fleisch leisten konnten. Sie ersetzten Kürbis in diesem Rezept, das normalerweise mit Leber zubereitet wird. Es kann auch aus Zucchini-, Karotten- oder Auberginenscheiben hergestellt werden.

Machen Sie dies mindestens einen Tag vor dem Servieren, da es so besser schmeckt. Hält sich gut mehrere Tage.

Obwohl Sizilianer normalerweise Kürbis braten, backe ich ihn lieber. Auch als Antipasti geeignet.

1 Walnuss, Eichel oder andere Zucchini oder Kürbis, in 1/4-Zoll-dicke Scheiben geschnitten

Olivenöl

1 1/2 Tasse Rotweinessig

1 Löffel Zucker

Salz

2 Knoblauchzehen, sehr fein gehackt

1/3 Tasse gehackte frische Petersilie oder Minze

1. Den Kürbis waschen und trocken tupfen. Die Enden mit einem großen, schweren Kochmesser abschneiden. Schälen Sie die Haut mit einem Gemüseschäler. Den Kürbis halbieren und die Kerne herauskratzen. Den Kürbis in 1/4 Zoll dicke Scheiben schneiden. Ofen auf 400°F vorheizen.

zwei. Schmieren Sie die Kürbisscheiben großzügig mit Öl auf beiden Seiten. Ordnen Sie die Scheiben auf einem Backblech in einer einzigen Schicht an. 20 Minuten backen oder bis sie weich sind. Drehen Sie die Scheiben um und backen Sie weitere 15 bis 20 Minuten oder bis der Kürbis weich ist, wenn er mit einem Messer durchstochen und leicht gebräunt wird.

3. In der Zwischenzeit Essig, Zucker und Salz nach Geschmack in einem kleinen Topf erhitzen. Rühren, bis sich Zucker und Salz aufgelöst haben.

Vier. Legen Sie einige der Kürbisscheiben in einer flachen Schüssel oder Schüssel in einer einzigen Schicht leicht überlappend. Etwas Knoblauch und Petersilie darüber streuen. Wiederholen Sie die Schichten, bis Kürbis, Knoblauch und Petersilie aufgebraucht sind. Gießen Sie die Essigmischung darüber. Abdecken und mindestens 24 Stunden vor dem Servieren kühl stellen.

gegrilltes Gemüse

Grün unter Griglia

Ergibt 8 Portionen

Grillen ist eine der besten Arten, Gemüse zu garen. Das Grillen verleiht ihnen einen rauchigen Geschmack und Grillspuren verleihen ihnen einen visuellen Reiz. Schneiden Sie das Gemüse dick oder in große Stücke, damit es nicht durch den Grill in die Flammen fällt. Wenn Sie möchten, können Sie es vor dem Servieren mit Öl-Essig-Sauce einfärben.

1 mittelgroße Aubergine (ca. 1 Pfund), in 1/2-Zoll-dicke Scheiben geschnitten

Salz

1 große rote oder spanische Zwiebel, in 1/2-Zoll-dicke Scheiben geschnitten

4 große Pilze, z. B. Portabello, Stiele entfernt

4 mittelgroße Tomaten, entkernt und quer halbiert

2 große rote oder gelbe Paprika, entkernt, entkernt und geviertelt

Olivenöl

frisch gemahlener schwarzer Pfeffer

6 frische Basilikumblätter, in Stücke geschnitten

1.Ober- und Unterseite der Auberginen abschneiden. Die Aubergine quer in 1/2 Zoll dicke Scheiben schneiden. Die Auberginenscheiben großzügig mit Salz bestreuen. Legen Sie die Scheiben in ein Sieb und lassen Sie sie 30 Minuten lang auf einem Teller abtropfen. Spülen Sie das Salz mit kaltem Wasser ab und tupfen Sie die Scheiben mit einem Papiertuch trocken.

zwei. Stellen Sie den Grillrost oder Grill etwa 5 Zoll von der Wärmequelle entfernt auf. Grill oder Grill vorheizen.

3.Schmieren Sie die Gemüsescheiben mit Olivenöl und legen Sie sie mit der geölten Seite zur Wärmequelle. Etwa 5 Minuten braten, bis sie leicht gebräunt sind. Die Scheiben wenden und mit Öl bepinseln. Frittieren, bis sie goldbraun und weich sind, etwa 4 Minuten. Das Gemüse mit Salz und Pfeffer bestreuen.

Vier. Das Gemüse in einer Schüssel anrichten. Träufeln Sie mehr Öl darüber und streuen Sie Basilikum darüber. Heiß oder bei Zimmertemperatur servieren.

Geröstete Winterwurzeln

Grün nach Forno

Ergibt 6 Portionen

Dies ist inspiriert von dem leckeren gebräunten Gemüse, das in Norditalien oft mit gebratenem Fleisch verwendet wird. Wenn die Pfanne nicht groß genug ist, um das Gemüse in einer Schicht aufzunehmen, verwenden Sie zwei Pfannen.

2 mittelgroße Rüben, geschält und geviertelt

2 mittelgroße Karotten, geschält und in 1-Zoll-Stücke geschnitten

2 mittelgroße Pastinaken, geschält und in 1-Zoll-Stücke geschnitten

2 mittelgroße Kartoffeln, in Viertel geschnitten

2 mittelgroße Zwiebeln, geviertelt

4 Knoblauchzehen, geschält

1/3 Tasse Olivenöl

Salz und frisch gemahlener schwarzer Pfeffer

1. Stellen Sie den Rost in die Mitte des Ofens. Backofen auf 450 ° F vorheizen. Gehacktes Gemüse und Knoblauchzehen in einer großen Pfanne mischen. Das Gemüse sollte nur eine Schicht hoch sein. Verwenden Sie ggf. zwei Töpfe, damit sich das Gemüse nicht stapelt. Mischen Sie das Gemüse mit Öl und Salz und Pfeffer nach Geschmack.

zwei. Grillen Sie das Gemüse etwa 1 Stunde und 10 Minuten lang und wenden Sie es etwa alle 15 Minuten, bis es weich und goldbraun ist.

3. Übertragen Sie das Gemüse auf eine Servierplatte. Heiß servieren.

sommerlicher Gemüseeintopf

Ciambotta

Für 4-6 Portionen

Im Sommer besuche ich mehrmals die Woche Bauern in der Umgebung. Ich liebe es, mit den Bauern zu sprechen und die vielen ungewöhnlichen Produkte zu probieren, die sie verkaufen. Ohne den Markt hätte ich Dinge wie roten Löwenzahn, Portulak, Lammviertel und viele andere Gemüsesorten, die man nicht im Supermarkt findet, nie probiert. Leider kaufe ich oft zu viel ein. Dann mache ich Ciambota, einen Gemüseeintopf aus Süditalien.

Diese Ciambota ist ein Klassiker, eine Kombination aus Auberginen, Paprika, Kartoffeln und Tomaten. Er eignet sich wunderbar als Beilage oder als fleischloses Hauptgericht mit geriebenem Käse. Sie können es auch kalt essen, auf Crostini auf Toast streichen und warm als Sandwich-Füllung mit Mozzarella-Scheiben essen.

1 mittelgroße Zwiebel

4 Eiertomaten

2 Kartoffeln, geschält

1 mittelgroße Aubergine

1 mittelgroße rote Paprika

1 mittelgroße gelbe Paprika

Salz und frisch gemahlener schwarzer Pfeffer

3 Esslöffel Olivenöl

1/2 Tasse zerrissene frische Basilikumblätter oder frisch geriebener Parmigiano-Reggiano oder Pecorino Romano (optional)

1. Schneiden Sie das Gemüse und schneiden Sie es in kleine Stücke. In einer großen Pfanne die Zwiebel in Öl bei mittlerer Hitze ca. 5-8 Minuten weich dünsten.

zwei. Tomaten, Kartoffeln, Auberginen und Paprika zugeben. Mit Salz und Pfeffer abschmecken. Abdecken und unter gelegentlichem Rühren etwa 40 Minuten kochen oder bis das gesamte Gemüse weich ist und der größte Teil der Flüssigkeit verdunstet ist. Wenn die Mischung zu trocken wird, fügen Sie ein paar Esslöffel Wasser hinzu. Wenn es zu viel Flüssigkeit gibt, öffnen Sie den Deckel und kochen Sie weitere 5 Minuten.

3. Warm oder bei Raumtemperatur servieren, pur oder mit Basilikum oder Käse garniert.

Variation: Ciambotta mit Eiern: Wenn das Gemüse fertig ist, 4-6 Eier mit Salz schlagen. Die Eier über das Gemüse gießen. Nicht vermischen. Decken Sie die Pfanne ab. Kochen, bis die Eier fest sind, etwa 3 Minuten. Warm oder bei Zimmertemperatur servieren.

Geschichteter Gemüseeintopf

Teglia di Verdure

6-8 Portionen

Verwenden Sie für diesen Eintopf ein ansprechendes Brat- und Serviergeschirr und servieren Sie das Gemüse auf einem Teller. Passt gut zu Frittatas, Hähnchen und vielen anderen Gerichten.

1 mittelgroße Aubergine (etwa 1 Kilo), geschält und in dünne Scheiben geschnitten

Salz

3 mittelgroße Kartoffeln (etwa 1 Kilo), geschält und in dünne Scheiben geschnitten

frisch gemahlener schwarzer Pfeffer

2 mittelgroße Zwiebeln

1 rote und 1 grüne Paprika, entkernt und in dünne Scheiben geschnitten

3 mittelgroße Tomaten, gehackt

6 Basilikumblätter, in Stücke geschnitten

1/3 Tasse Olivenöl

1.Die Aubergine schälen und quer in dünne Scheiben schneiden. Legen Sie die Scheiben in ein Sieb und bestreuen Sie jede großzügig mit Salz. Stellen Sie das Sieb auf einen Teller und lassen Sie es 30-60 Minuten zum Abtropfen stehen. Die Auberginenscheiben abspülen und trocken tupfen.

zwei. Stellen Sie den Rost in die Mitte des Ofens. Backofen auf 375 ° F vorheizen Fetten Sie eine 13 x 9 x 2-Zoll-Auflaufform großzügig ein.

3.Machen Sie eine Schicht aus überlappenden Kartoffelscheiben auf dem Boden des Tellers. Salz und Pfeffer darüber streuen. Bedecken Sie die Kartoffeln mit einer Schicht Auberginen und streuen Sie Salz darüber. Schichten von Zwiebeln, Paprika und Tomaten hinzufügen. Salz und Pfeffer darüber streuen. Mit Basilikum bestreuen. Olivenöl darüber träufeln.

Vier. Mit Folie abdecken. 45 Minuten backen. Entfernen Sie vorsichtig die Folie. 30 Minuten länger kochen oder bis sie goldbraun sind und das Gemüse zart ist, wenn man es mit einem Messer durchsticht. Warm oder bei Zimmertemperatur servieren.

Selbstgemachtes Brot

Hausbrot

Ergibt 2 Brote

Hier ist ein einfaches Brot nach italienischer Art, das im heimischen Ofen schön knusprig wird. Da der Teig sehr klebrig ist, sollte dieses Brot am besten in einem Hochleistungsmixer oder einer Küchenmaschine zubereitet werden. Lassen Sie sich nicht dazu verleiten, mehr Mehl in den Teig zu geben. Es muss sehr feucht sein, um das richtige Ergebnis zu erzielen, und die Krümel haben große Löcher und eine knusprige Kruste.

1 Teelöffel aktive Trockenhefe

2 Tassen warmes Wasser (100° bis 110°F)

41/2 Tassen Brotmehl

2 Teelöffel Salz

2 Esslöffel feiner Grieß

1. Gießen Sie das Wasser in eine stabile Rührschüssel. Hefe darüber streuen. Etwa 2 Minuten stehen lassen, bis die Hefe cremig ist. Rühren, bis sich die Hefe aufgelöst hat.

zwei. Mehl und Salz hinzufügen. Gut mischen, bis ein glatter Teig entsteht. Der Teig sollte sehr klebrig sein. Schlagen Sie den Teig etwa 5 Minuten lang, bis er glatt und elastisch ist.

3. Das Innere einer großen Schüssel einfetten. Den Teig in eine Schüssel geben und drehen, um die Oberfläche einzufetten. Mit Frischhaltefolie abdecken und an einem warmen, zugfreien Ort etwa 1 1/2 Stunden gehen lassen, bis sich das Volumen verdoppelt hat.

Vier. Den Teig flach drücken und in zwei Hälften teilen. Jedes Stück zu einer Kugel formen. Die Grütze auf einem großen Backblech verteilen. Legen Sie die Teigkugeln im Abstand von mehreren Zentimetern auf das Backblech. Mit Plastikfolie abdecken und an einem warmen, zugfreien Ort etwa 1 Stunde gehen lassen, bis er sich verdoppelt hat.

5. Stellen Sie den Rost in die Mitte des Ofens. Ofen auf 450° F vorheizen. Mit einer Rasierklinge oder einem sehr scharfen Messer ein X auf jedes Brötchen schneiden. Den Teig auf den

Backstein geben. 40 Minuten backen, bis die Brote goldbraun sind und beim Klopfen hohl klingen.

6.Schieben Sie die Brote auf Gitterroste, um sie vollständig abzukühlen. Hält in Folie eingewickelt bei Raumtemperatur bis zu 24 Stunden oder im Gefrierschrank bis zu einem Monat.

Kräuterbrot

Brot alles Erbe

Macht ein 12-Zoll-Laib

In Forlimpopoli, Emilia-Romagna, aß ich in einem Restaurant, das ein junges Paar in einer Villa aus dem 17. Jahrhundert eröffnet hatte. Vor dem Essen brachten sie ein leckeres Kräuterbrot heraus. Als ich mich danach erkundigte, teilte der Koch gerne das Rezept mit und riet mir, am besten morgens in den Garten zu gehen, um die Kräuter zu pflücken, solange sie noch nass vom Morgentau sind. Gute Ergebnisse erzielen Sie jedoch mit Kräutern, die Sie gerade aus dem Supermarkt geholt haben.

1 Umschlag (2 1/2 TL) aktive Trockenhefe oder 2 TL Instanthefe

1 Tasse warmes Wasser (100° bis 110°F)

2 Esslöffel ungesalzene Butter, geschmolzen und abgekühlt

Ungefähr 2 1/2 Tassen ungebleichtes Allzweckmehl

1 Löffel Zucker

1 Teelöffel Salz

1 Esslöffel gehackte frische Petersilie

1 Esslöffel gemahlene frische Minze

1 Esslöffel gemahlener frischer Thymian

1 Esslöffel frischer Schnittlauch in Streifen geschnitten

1 Eigelb plus 1 Esslöffel Wasser

1. Gießen Sie das Wasser in einen großen Behälter. Hefe darüber streuen. Etwa 2 Minuten stehen lassen, bis die Hefe cremig ist. Rühren, bis sich die Hefe aufgelöst hat.

zwei. Butter und 2 Tassen Mehl, Zucker und Salz hinzufügen und mischen, bis ein glatter Teig entsteht. Den Teig auf eine leicht bemehlte Fläche geben. Die Kräuter darüber streuen und etwa 10 Minuten lang kneten, bis sie glatt und elastisch sind. Fügen Sie nach Bedarf mehr Mehl hinzu, um einen feuchten, aber nicht klebrigen Teig zu erhalten. (Oder den Teig in einem Hochleistungsmixer, einer Küchenmaschine oder einer Brotmaschine gemäß den Anweisungen des Herstellers zubereiten.)

3. Das Innere einer großen Schüssel einfetten. Gießen Sie den Teig in die Schüssel und drehen Sie sie einmal, um die Oberfläche zu beschichten. Mit Frischhaltefolie abdecken und an einem warmen Ort etwa 1 Stunde gehen lassen, bis er sich verdoppelt hat.

Vier. Ein großes Backblech einfetten. Drehen Sie den Teig auf eine leicht bemehlte Oberfläche und glätten Sie ihn mit Ihren Händen, um Luftblasen zu entfernen. Den Teig zwischen den Händen zu einem etwa 30 cm langen Strang rollen. Den Teig auf das Backblech geben. Mit Frischhaltefolie abdecken und etwa 1 Stunde gehen lassen, bis er sich verdoppelt hat.

5. Stellen Sie den Rost in die Mitte des Ofens. Backofen auf 400 ° F vorheizen. Teig mit Eigelbmischung bestreichen. Schneiden Sie mit einem Rasiermesser oder einem sehr scharfen Messer 4 Schlitze in die Oberseite. Backen, bis das Brot goldbraun ist und beim Klopfen hohl klingt, etwa 30 Minuten.

6. Schieben Sie das Brot auf ein Kuchengitter, um es vollständig abzukühlen. In Folie einwickeln und bis zu 24 Stunden bei Raumtemperatur lagern oder bis zu 1 Monat einfrieren.

Käsebrot nach März-Art

Ciaccia

Macht ein 9-Zoll-Rundbrot

Die Region Marken in Mittelitalien ist vielleicht nicht gerade für ihr Essen bekannt, hat aber viel zu bieten. An der Küste gibt es ausgezeichnete Meeresfrüchte, während im Landesinneren mit seinen schroffen Bergen das Essen reichlich ist, mit Wild und Trüffeln. Eine lokale Spezialität ist Ciauscolo, eine weiche Wurst aus sehr fein gemahlenem Schweinefleisch, gewürzt mit Knoblauch und Gewürzen, die auf Brot gestrichen werden kann. Dieses leckere Brot aus zwei verschiedenen Käsesorten wird als Snack oder Vorspeise mit einem Glas Wein serviert. Ideal für ein Picknick mit hartgekochten Eiern, Salami und Salat.

1 Umschlag (2 1/2 TL) aktive Trockenhefe oder 2 TL Instanthefe

1 Tasse warme Milch (100-110°F)

2 große Eier, geschlagen

2 Esslöffel Olivenöl

1 1/2 Tasse frisch geriebener Pecorino Romano

1/2 Tasse frisch geriebener Parmigiano-Reggiano

Ungefähr 3 Tassen ungebleichtes Allzweckmehl

11/2 Teelöffel Salz

11/2 TL frisch gemahlener schwarzer Pfeffer

1. In einer großen Schüssel die Hefe über die Milch streuen. Etwa 2 Minuten stehen lassen, bis die Hefe cremig ist. Rühren, bis sich die Hefe aufgelöst hat.

zwei. Eier, Öl und Käse dazugeben und gut schlagen. Mehl, Salz und Pfeffer mit einem Holzlöffel zugeben, bis ein glatter Teig entsteht. Den Teig auf eine leicht bemehlte Fläche geben. Etwa 10 Minuten lang kneten, bis er glatt und elastisch ist, und nach Bedarf mehr Mehl hinzufügen, um einen feuchten, aber nicht klebrigen Teig zu erhalten. (Oder den Teig in einem Hochleistungsmixer, einer Küchenmaschine oder einer Brotmaschine gemäß den Anweisungen des Herstellers zubereiten.) Den Teig zu einer Kugel formen.

3. Das Innere einer großen Schüssel einfetten. Den Teig in eine Schüssel geben, einmal wenden, damit die Oberfläche bedeckt

ist. Mit Plastikfolie abdecken und 1 1/2 Stunden stehen lassen oder bis sich die Größe verdoppelt hat.

Vier. Drücken Sie auf den Teig, um Luftblasen zu entfernen. Den Teig zu einer Kugel formen.

5. Eine 9-Zoll-Springform einfetten. Den Teig hinzugeben, abdecken und erneut gehen lassen, bis er sich verdoppelt hat, etwa 45 Minuten.

6. Stellen Sie den Rost in die Mitte des Ofens. Den Ofen auf 375° F vorheizen. Die Oberseite des Teigs mit Eigelb bestreichen. Backen, bis sie goldbraun sind, etwa 35 Minuten.

7. 10 Minuten im Topf abkühlen lassen. Entfernen Sie die Seiten der Pfanne und schieben Sie das Brot dann auf ein Kuchengitter, um es vollständig abzukühlen. In Folie einwickeln und bis zu 24 Stunden bei Raumtemperatur lagern oder bis zu 1 Monat einfrieren.

goldene Maisbrötchen

Panini d'Oro

Ergibt 8-10 Portionen

Runde Brötchen mit einer halben Kirschtomate erhalten ihre goldene Farbe durch Maismehl. Aus dem Teig werden Kugeln geformt, die beim Backen zu Brot verschmelzen. Die Brötchen können als ganze Limette serviert werden, die in ihre eigene getaucht wird. Diese eignen sich besonders gut für eine Suppe oder ein Käseessen.

1 Umschlag (2 1/2 TL) aktive Trockenhefe oder 2 TL Instanthefe

1 1/2 Tasse warmes Wasser (100-110°F)

1 1/2 Tasse Milch

1 1/4 Tasse Olivenöl

Etwa 2 Tassen ungebleichtes Allzweckmehl

1 1/2 Tasse feines gelbes Maismehl

1 Teelöffel Salz

10 Kirschtomaten, halbiert

1. In einer großen Schüssel die Hefe über das Wasser streuen. Etwa 2 Minuten stehen lassen, bis die Hefe cremig ist. Rühren, bis sich die Hefe aufgelöst hat. Milch und 2 Esslöffel Öl hinzufügen.

zwei. In einer großen Schüssel Mehl, Maismehl und Salz mischen.

3. Die trockenen Zutaten in die Flüssigkeit geben und zu einem Teig verkneten. Den Teig auf eine leicht bemehlte Fläche geben. Etwa 10 Minuten lang kneten, bis er glatt und elastisch ist, und nach Bedarf mehr Mehl hinzufügen, um einen feuchten, leicht klebrigen Teig zu erhalten. (Oder den Teig in einem Hochleistungsmixer, einer Küchenmaschine oder einer Brotmaschine gemäß den Anweisungen des Herstellers zubereiten.) Den Teig zu einer Kugel formen.

Vier. Das Innere einer großen Schüssel einfetten. Teig hinzufügen, einmal wenden, damit die Oberfläche bedeckt ist. Mit Frischhaltefolie abdecken und 1 1/2 Stunden an einem warmen, zugfreien Ort stehen lassen.

5. Eine 10-Zoll-Springform einfetten. Drücken Sie auf den Teig, um Luftblasen zu entfernen. Den Teig in vier Teile schneiden. Jedes Viertel in 5 gleiche Teile schneiden. Rollen Sie jedes Stück zu einer Kugel. Die Stücke auf der Pfanne anrichten. Drücken Sie eine mittelgroße Tomate mit der Schnittfläche nach unten in die Mitte jedes Teigstücks. Mit Frischhaltefolie abdecken und an einem warmen Ort 45 Minuten ruhen lassen oder bis sich das Volumen verdoppelt hat.

6. Stellen Sie den Rost in die Mitte des Ofens. Ofen auf 400° F vorheizen. Restliche 2 Esslöffel Olivenöl über den Teig träufeln. 30 Minuten backen oder bis sie goldbraun sind.

7. Entfernen Sie die Seiten des Topfes. Die Brötchen zum Abkühlen auf ein Gitter legen. In Folie einwickeln und bis zu 24 Stunden bei Raumtemperatur lagern oder bis zu 1 Monat einfrieren.

Schwarzes Olivenbrot

Olivenbrot

Macht zwei 12-Zoll-Laibe

Dieses Brot wird aus einer Vorspeise, einer Mischung aus Mehl, Wasser und Hefe, hergestellt. Der Starter wird separat gehoben und dem Teig hinzugefügt, um dem Brot zusätzlichen Geschmack zu verleihen. Planen Sie die Zubereitung des Hauptgerichts mindestens 1 Stunde, höchstens 24 Stunden im Voraus ein.

Obwohl ich in diesem Rezept normalerweise schmackhafte italienische schwarze Oliven verwende, können auch grüne Oliven verwendet werden. Oder probieren Sie eine Mischung aus mehreren verschiedenen Olivensorten. Dieses Brot ist in der Region Venetien beliebt.

1 Umschlag (21/2 TL) aktive Trockenhefe oder 2 TL Instanthefe

2 Tassen warmes Wasser (100° bis 110°F)

Ungefähr 41/2 Tassen ungebleichtes Allzweckmehl

11/2 Tasse Vollkornmehl

2 Teelöffel Salz

2 Esslöffel Olivenöl

1 1/2 Tassen leckere schwarze Oliven, wie Gaeta, entsteint und grob gehackt

1. In einer mittelgroßen Schüssel die Hefe mit 1 Tasse Wasser bestreuen. Etwa 2 Minuten stehen lassen, bis die Hefe cremig ist. Rühren, bis sich die Hefe aufgelöst hat. Fügen Sie 1 Tasse Allzweckmehl hinzu. Mit Plastikfolie abdecken und an einem kühlen Ort etwa 1 Stunde oder über Nacht ruhen lassen, bis es sprudelt. (Wenn es heiß ist, stellen Sie die Vorspeise in den Kühlschrank. Nehmen Sie sie etwa eine Stunde vor der Teigzubereitung heraus.)

zwei. In einer großen Schüssel die restlichen 3 1/2 Tassen Allzweckmehl, Vollkornmehl und Salz verquirlen. Fügen Sie das Hauptgericht, die restlichen 1 Tasse warmes Wasser und das Öl hinzu. Mit einem Holzlöffel verrühren, bis ein glatter Teig entsteht.

3. Den Teig auf eine leicht bemehlte Fläche geben und ca. 10 Minuten lang kneten, bis er glatt und elastisch ist. Nach Bedarf mehr Mehl hinzufügen, um einen feuchten, leicht klebrigen

Teig zu erhalten. (Oder den Teig in einem Hochleistungsmixer, einer Küchenmaschine oder einer Brotmaschine gemäß den Anweisungen des Herstellers zubereiten.) Den Teig zu einer Kugel formen.

Vier. Das Innere einer großen Schüssel einfetten. Teig hinzufügen, einmal wenden, damit die Oberfläche bedeckt ist. Mit Plastikfolie abdecken und an einem warmen Ort etwa 1 1/2 Stunden gehen lassen, bis er sich verdoppelt hat.

5. Ein großes Backblech einfetten. Den Teig flach drücken, um Luftblasen zu entfernen. Oliven kurz durchkneten. Teilen Sie den Teig in zwei Teile und formen Sie jedes Stück zu einem etwa 12 cm langen Laib. Brote auf vorbereiteten Backblechen im Abstand von wenigen Zentimetern verteilen. Mit Frischhaltefolie abdecken und etwa 1 Stunde gehen lassen, bis er sich verdoppelt hat.

6. Stellen Sie den Rost in die Mitte des Ofens. Heizen Sie den Ofen auf 400 °F vor. Machen Sie mit einer einschneidigen Rasierklinge oder einem scharfen Messer 3-4 diagonale Schlitze in die Oberseite jedes Laibs. 40-45 Minuten backen oder bis sie goldbraun sind.

7. Die Brötchen zum Abkühlen auf ein Kuchengitter schieben. In Folie einwickeln und bis zu 24 Stunden bei Raumtemperatur lagern oder bis zu 1 Monat einfrieren.

Stromboli-Brot

Rotolo di Brot

Macht zwei 10-Zoll-Laibe

Dieses mit Käse und Aufschnitt gefüllte Brot ist meines Wissens eine italienisch-amerikanische Kreation, möglicherweise inspiriert von der sizilianischen Bonata, einem Brotteig, der um eine Füllung gewickelt und zu einem Laib gebacken wird. Stromboli ist ein berühmter sizilianischer Vulkan, daher bezieht sich der Name wahrscheinlich auf die Füllung, die aus den Öffnungen strömt und an geschmolzene Lava erinnert. Brot als Vorspeise oder Snack servieren.

1 Teelöffel Aktivhefe oder 2 Teelöffel Instanthefe

3/4 Tasse warmes Wasser (100° bis 110°F)

Etwa 2 Tassen ungebleichtes Allzweckmehl

1 Teelöffel Salz

4 Unzen geschnittener weicher Provolone oder Schweizer Käse

2 Unzen dünn geschnittene Salami

4 Unzen geschnittener Schinken

1 Eigelb mit 2 Esslöffel Wasser geschlagen

1. In einer großen Schüssel die Hefe über das Wasser streuen. Etwa 2 Minuten stehen lassen, bis die Hefe cremig ist. Rühren, bis sich die Hefe aufgelöst hat.

zwei. Mehl und Salz hinzufügen. Mit einem Holzlöffel verrühren, bis ein glatter Teig entsteht. Den Teig auf eine leicht bemehlte Fläche geben und ca. 10 Minuten kneten, bis er glatt und elastisch ist. Fügen Sie nach Bedarf Mehl hinzu, um einen feuchten, aber nicht klebrigen Teig zu erhalten. (Oder den Teig in einem Hochleistungsmixer, einer Küchenmaschine oder einer Brotmaschine gemäß den Anweisungen des Herstellers zubereiten.)

3. Das Innere einer großen Schüssel einfetten. Den Teig in die Schüssel geben und einmal wenden, um die Oberfläche zu beschichten. Mit Plastikfolie abdecken. An einen warmen, zugfreien Ort stellen und etwa 1 1/2 Stunden gehen lassen, bis er sich verdoppelt hat.

Vier. Nehmen Sie den Teig aus der Schüssel und glätten Sie ihn vorsichtig, um Luftblasen zu entfernen. Den Teig halbieren und zu zwei Kugeln formen. Legen Sie die Kugeln auf eine bemehlte Fläche und decken Sie jede mit einer Schüssel ab. 1 Stunde oder bis zur Verdoppelung stehen lassen.

5. Stellen Sie den Rost in die Mitte des Ofens. Ofen vorheizen auf 400 ° F. Ein großes Backblech einfetten.

6. Mit einem Nudelholz ein Stück Teig auf einer leicht bemehlten Oberfläche zu einem 12-Zoll-Kreis glätten. Die Hälfte der Käsescheiben auf den Teig legen. Mit der Hälfte des Schinkens und der Salami belegen. Den Teig gut ausrollen und in einen Zylinder füllen. Drücken Sie die Naht zusammen, um sie zu versiegeln. Legen Sie die Rolle mit der Naht nach unten auf das Backblech. Falten Sie die Enden des Teigs unter dem Nudelholz. Wiederholen Sie dies mit anderen Zutaten.

7. Die Brötchen mit der Eigelbmischung einfetten. Mit einem Messer in regelmäßigen Abständen 4 flache Schlitze in den Teig schneiden. 30-35 Minuten backen oder bis sie goldbraun sind.

8. Zum leichten Abkühlen auf ein Kuchengitter geben. Heiß servieren, in diagonale Scheiben schneiden. In Folie

einwickeln und bis zu 24 Stunden bei Raumtemperatur lagern oder bis zu 1 Monat einfrieren.

Käsebrot mit Walnüssen

Nociato-Brot

Macht zwei 8-Zoll-Rundbrote

Umbrisches Brot mit Salami, Oliven und einer Flasche Rotwein ergibt eine herzhafte Mahlzeit. Diese Version ist herzhaft, aber in Tod, einer der schönsten mittelalterlichen Städte der Region, hatte ich eine süße Version, die mit Rotwein, Gewürzen und Rosinen zubereitet und in Weinblättern gebraten wurde.

1 Umschlag (21/2 TL) aktive Trockenhefe oder 2 TL Instanthefe

2 Tassen warmes Wasser (100° bis 110°F)

Ungefähr 41/2 Tassen ungebleichtes Allzweckmehl

11/2 Tasse Vollkornmehl

2 Teelöffel Salz

2 Esslöffel Olivenöl

1 Tasse geriebener Pecorino Toscano

1 Tasse gehackte Walnüsse, geröstet

1. In einer mittelgroßen Schüssel die Hefe mit 1 Tasse Wasser bestreuen. Etwa 2 Minuten stehen lassen, bis die Hefe cremig ist. Rühren, bis sich die Hefe aufgelöst hat.

zwei. Mischen Sie in einer großen Schüssel 4 Tassen Allzweckmehl, Vollkornmehl und Salz. Fügen Sie die Hefemischung, die restliche Tasse warmes Wasser und das Öl hinzu. Mit einem Holzlöffel verrühren, bis ein glatter Teig entsteht. Den Teig auf eine leicht bemehlte Fläche geben und ca. 10 Minuten lang kneten, bis er glatt und elastisch ist. Nach Bedarf mehr Mehl hinzufügen, um einen feuchten, leicht klebrigen Teig zu erhalten. (Oder den Teig in einem Hochleistungsmixer, einer Küchenmaschine oder einer Brotmaschine gemäß den Anweisungen des Herstellers zubereiten.)

3. Das Innere einer großen Schüssel einfetten. Teig hinzufügen, einmal wenden, damit die Oberfläche bedeckt ist. Mit Plastikfolie abdecken und an einem warmen Ort etwa 1 1/2 Stunden gehen lassen, bis er sich verdoppelt hat.

Vier. Ein großes Backblech einfetten. Den Teig flach drücken, um Luftblasen zu entfernen. Den Käse und die Nüsse darauf verteilen und kneten, um die Zutaten zu verteilen. Den Teig in zwei Teile teilen und jeden Teil zu einem runden Brot formen. Brote auf vorbereiteten Backblechen im Abstand von wenigen Zentimetern verteilen. Mit Frischhaltefolie abdecken und etwa 1 Stunde gehen lassen, bis er sich verdoppelt hat.

5. Stellen Sie den Ofenrost in die Mitte des Ofens. Heizen Sie den Ofen auf 400 °F vor. Machen Sie mit einer einschneidigen Rasierklinge oder einem scharfen Messer 3-4 diagonale Schlitze in die Oberseite jedes Laibs. Backen, bis sie goldbraun sind und die Brote hohl klingen, wenn man auf die Unterseite klopft, etwa 40-45 Minuten.

6. Die Brote zum vollständigen Abkühlen auf ein Kuchengitter legen. Bei Zimmertemperatur servieren. In Folie einwickeln und bis zu 24 Stunden bei Raumtemperatur lagern oder bis zu 1 Monat einfrieren.

Tomatenbrötchen

Panini al Pomodoro

Ergibt 8 Rollen

Tomatenmark färbt diese Brötchen schön orange-rot und verleiht Tomatengeschmack. Als Zahnpasta verwende ich gerne Tomatenmark in doppelter Stärke, das in Tuben verkauft wird. Es hat einen schönen süßen Tomatengeschmack, und da die meisten Rezepte nur ein oder zwei Esslöffel Paste erfordern, können Sie so viel verwenden, wie Sie brauchen, dann die Tube verschließen und im Gegensatz zu Tomatenmark aus der Dose kühl stellen.

Obwohl ich bei Tomaten nicht oft an Venetien denke, sind diese Brötchen dort sehr beliebt.

1 Umschlag (2 1/2 TL) aktive Trockenhefe oder 2 TL Instanthefe

1/2 Tasse plus 3/4 Tasse warmes Wasser (100-110°F)

1 1/4 Tasse Tomatenpüree

2 Esslöffel Olivenöl

Ungefähr 2 3/4 Tassen ungebleichtes Allzweckmehl

2 Teelöffel Salz

1 TL getrockneter Oregano, zerdrückt

1. In einer mittelgroßen Schüssel die Hefe mit 1/2 Tasse Wasser bestreuen. Etwa 2 Minuten stehen lassen, bis die Hefe cremig ist. Rühren, bis sich die Hefe aufgelöst hat. Das Tomatenpüree und das restliche Wasser hinzugeben und glatt rühren. Olivenöl hinzufügen.

zwei. Mehl, Salz und Oregano in einer großen Schüssel mischen.

3. Gießen Sie die Flüssigkeit in die trockenen Zutaten. Mit einem Holzlöffel verrühren, bis ein glatter Teig entsteht. Den Teig auf eine leicht bemehlte Fläche geben und ca. 10 Minuten lang kneten, bis er glatt und elastisch ist. Nach Bedarf mehr Mehl hinzufügen, um einen feuchten, leicht klebrigen Teig zu erhalten. (Oder den Teig in einem Hochleistungsmixer, einer Küchenmaschine oder einer Brotmaschine gemäß den Anweisungen des Herstellers zubereiten.)

Vier. Das Innere einer großen Schüssel einfetten. Teig hinzufügen, einmal wenden, damit die Oberfläche bedeckt ist. Mit Frischhaltefolie abdecken und 1 1/2 Stunden oder bis zur doppelten Größe gehen lassen.

5. Ein großes Backblech einfetten. Den Teig flach drücken, um Luftblasen zu entfernen. Den Teig in 8 gleiche Teile schneiden. Jedes Stück zu einer Kugel formen. Die Kugeln mit wenigen Zentimetern Abstand auf das Backblech legen. Mit Frischhaltefolie abdecken und etwa 1 Stunde gehen lassen, bis er sich verdoppelt hat.

6. Stellen Sie den Rost in die Mitte des Ofens. Backofen auf 200 °C vorheizen. Backen, bis die Muffins goldbraun sind und beim Klopfen hohl klingen, etwa 20 Minuten.

7. Die Brötchen zum vollständigen Abkühlen auf ein Kuchengitter schieben. Bei Zimmertemperatur servieren. In Folie verpackt bis zu 24 Stunden oder im Gefrierschrank bis zu 1 Monat lagern.

Land Brüder

rustikale Brioche

Ergibt 8 Portionen

Der butter- und eierreiche Briocheteig, der vermutlich um 1700 von französischen Köchen nach Neapel gebracht wurde, wird mit Hackfleisch und Käse angereichert. Dieses herzhafte Brot eignet sich hervorragend als Antipasti oder wird vor oder nach dem Essen mit einem Salat serviert. Bitte beachten Sie, dass dieser Teig glatt und ohne Kneten geschlagen wird.

1 1/2 Tasse warme Milch (100-110°F)

1 Umschlag (2 1/2 TL) aktive Trockenhefe oder 2 TL Instanthefe

4 Esslöffel (1/2 Stange) ungesalzene Butter bei Zimmertemperatur

1 Löffel Zucker

1 Teelöffel Salz

2 große Eier, Raumtemperatur

Ungefähr 2 1/2 Tassen ungebleichtes Allzweckmehl

1/2 Tasse gehackter frischer Mozzarella, trocken, wenn feucht

11/2 Tasse gehackter Provolone

11/2 Tasse gehackter Schinken

1.Gießen Sie die Milch in eine kleine Schüssel und streuen Sie die Hefe darüber. Etwa 2 Minuten stehen lassen, bis die Hefe cremig ist. Rühren, bis sich die Hefe aufgelöst hat.

zwei. Butter, Zucker und Salz in einer großen Schüssel in einem Hochleistungsmixer oder einer Küchenmaschine schaumig schlagen. Schlagen Sie die Eier. Fügen Sie die Milchmischung mit einem Holzlöffel hinzu. Mehl hinzufügen und glatt rühren. Der Teig wird klebrig sein.

3.Den Teig auf einer leicht bemehlten Fläche zu einer Kugel formen. Mit einer umgedrehten Schüssel abdecken und 30 Minuten stehen lassen.

Vier. Ein 10-Zoll-Röhrchen oder eine Bundt-Pfanne einfetten und bemehlen.

5.Das Nudelholz leicht bemehlen. Den Teig zu einem Rechteck von 22 x 8 Zoll ausrollen. Verteilen Sie den Käse und das

Fleisch auf dem Teig und lassen Sie an den langen Seiten einen 1-Zoll-Rand. Rollen Sie den Teig von einer langen Seite ausgehend fest zu einem Zylinder. Drücken Sie die Naht zusammen, um sie zu versiegeln. Legen Sie die Rolle mit der Naht nach unten in die vorbereitete Pfanne. Drücken Sie die Enden zusammen, um sie zu versiegeln. Decken Sie die Pfanne mit Plastikfolie ab. Den Teig an einem warmen, zugfreien Ort etwa 1 1/2 Stunden gehen lassen, bis er sich verdoppelt hat.

6. Stellen Sie den Ofenrost in die Mitte des Ofens. Ofen auf 350° F vorheizen. Backen, bis die Brote goldbraun sind und beim Klopfen hohl klingen, etwa 35 Minuten.

7. Die Brote zum vollständigen Abkühlen auf ein Kuchengitter legen. Bei Zimmertemperatur servieren. In Folie einwickeln und bis zu 24 Stunden bei Raumtemperatur lagern oder bis zu 1 Monat einfrieren.

Das Papierbrot der sardischen Musik

Charta der Musik

Ergibt 8-12 Portionen

Große hauchdünne Brotblätter werden auf Sardinien „Notenpapier" genannt, weil Brot früher wie Papier zur einfachen Aufbewahrung aufgerollt wurde. Die Sarden schneiden die Blätter in kleinere Stücke, um sie zu Mahlzeiten oder als Snack mit weichem Ziegen- oder Schafskäse zu essen, oder sie in Suppen einzuweichen oder mit Saucen wie Nudeln zu bedecken. Grieß findet man in vielen Fachgeschäften oder in Katalogen wie dem King Arthur Flour Baker's Catalogue (vglQuellen).

Ungefähr 1 1/4 Tassen Allzweck- oder ungebleichtes Brotmehl

1 1/4 Tassen feines Grießmehl

1 Teelöffel Salz

1 Tasse warmes Wasser

1. Mischen Sie in einer großen Schüssel Allzweck- oder Brotmehl, Grieß und Salz. Wasser mit einem Holzlöffel hinzufügen, bis die Mischung einen glatten Teig bildet.

zwei. Kratzen Sie den Teig auf eine leicht bemehlte Oberfläche. Den Teig, ggf. Mehl hinzufügen, ca. 5 Minuten zu einem festen, glatten und elastischen Teig kneten. Den Teig zu einer Kugel formen. Kopfüber mit einer Schüssel abdecken und 1 Stunde bei Raumtemperatur stehen lassen.

3. Stellen Sie den Rost in die Mitte des Ofens. Ofen auf 450 ° F vorheizen.

Vier. Teilen Sie den Teig in sechs Teile. Rollen Sie mit einem Nudelholz auf einer leicht bemehlten Oberfläche einen 12-Zoll-Kreis aus, der dünn genug ist, dass Sie Ihre Hand hindurch sehen können, wenn der Teig gegen das Licht gehalten wird. Legen Sie den Teig auf das Nudelholz, um ihn anzuheben. Den Teig auf ein ungefettetes Backblech geben und eventuelle Falten glätten.

5. Backen Sie für etwa 2 Minuten oder bis die Oberfläche des Brotes fest ist. Schützen Sie eine Hand mit einem Topflappen und drehen Sie den Teig um, während Sie in der anderen Hand einen großen Metallspatel halten. Fry für etwa 2 weitere Minuten oder bis sie goldbraun sind.

6. Übertragen Sie das Brot auf ein Kuchengitter, um es vollständig abzukühlen. Mit dem restlichen Teig wiederholen.

7. Jeden Teller zum Servieren in 2 oder 4 Stücke schneiden. Bewahren Sie Reste an einem trockenen Ort in einer fest verschlossenen Plastiktüte auf.

Variation: Servieren Sie es als Vorspeise, indem Sie das Brot auf einem Backblech in einem niedrigen Ofen 5 Minuten lang oder bis es warm ist, erwärmen. Stapeln Sie die Stücke auf einem Teller und beträufeln Sie jede Schicht mit extra nativem Olivenöl und grobem Salz oder gehacktem frischem Rosmarin. Heiß servieren.

Brot mit roten Zwiebeln

Focaccia alle Cipolle Rosso

Ergibt 8-10 Portionen

Der Teig für diese Focaccia ist sehr feucht und klebrig, daher wird er ohne Kneten vorsichtig in einer Schüssel gemischt. Mischen Sie von Hand mit einem Holzlöffel oder verwenden Sie einen elektrischen Mixer, eine Küchenmaschine oder eine Brotbackmaschine. Ein langer, langsamer Anstieg verleiht diesem Brot einen köstlichen Geschmack und eine leichte Krume.
Während die meisten Focaccias am besten warm serviert werden, ist diese feucht genug, um sogar bei Raumtemperatur zu halten.

1 Umschlag (2 1/2 TL) aktive Trockenhefe oder Instanthefe

1 1/2 Tasse warmes Wasser (100-110°F)

1 1/2 Tassen Milch bei Raumtemperatur

6 Esslöffel Olivenöl

Etwa 5 Tassen ungebleichtes Allzweckmehl

2 Esslöffel gehackter frischer Rosmarin

2 Teelöffel Salz

1 1/2 dl rote Zwiebel, grob gehackt

1. In einer mittelgroßen Schüssel die Hefe über das warme Wasser streuen. Etwa 2 Minuten stehen lassen, bis die Hefe cremig ist. Rühren, bis sich die Hefe aufgelöst hat. Die Milch und 4 Esslöffel Öl hinzufügen und glatt rühren.

zwei. In einer großen Schüssel Mehl, Rosmarin und Salz in einem Hochleistungsmixer oder einer Küchenmaschine mischen. Die Hefemischung zugeben und verrühren, bis ein glatter Teig entsteht. Kneten, bis er glatt und elastisch ist, etwa 3-5 Minuten. Der Teig wird klebrig sein.

3. Eine große Schüssel einfetten. Den Teig in eine Schüssel geben und mit Plastikfolie abdecken. An einem warmen, zugfreien Ort etwa 1 1/2 Stunden gehen lassen, bis er sich verdoppelt hat.

Vier. Eine 13 x 9 x 2 Zoll große Auflaufform einfetten. Den Teig in die Pfanne geben und gleichmäßig verteilen. Mit Frischhaltefolie abdecken und 1 Stunde ruhen lassen oder bis sich die Größe verdoppelt hat.

5. Stellen Sie den Ofenrost in die Mitte des Ofens. Ofen auf 450 ° F vorheizen.

6. Drücken Sie den Teig mit den Fingerspitzen fest, um Vertiefungen mit einem Abstand von etwa 1 Zoll und einer Tiefe von 1/2 Zoll zu bilden. Die restlichen 2 Esslöffel Olivenöl darüber träufeln und die Zwiebelscheiben darauf verteilen. Grobes Salz darüber streuen. Backen, bis sie knusprig und goldbraun sind, etwa 25-30 Minuten.

7. Die Focaccia zum Abkühlen auf ein Kuchengitter schieben. In Quadrate schneiden. Warm oder bei Zimmertemperatur servieren. In Alufolie eingewickelt bis zu 24 Stunden bei Raumtemperatur lagern.

Fladenbrot aus Weißwein

Wein Focaccia

Ergibt 8-10 Portionen

Weißwein verleiht dieser Focaccia nach genuesischer Art einen einzigartigen Geschmack. Es wird normalerweise mit groben Meersalzkristallen belegt, aber Sie können es auch durch frischen Salbei oder Rosmarin ersetzen, wenn Sie möchten. In Genua wird es zu allen Mahlzeiten gegessen, einschließlich des Frühstücks, und Schulkinder holen sich ein Stück vom Bäcker für einen Snack am Vormittag. Der Teig für diese Focaccia ist sehr feucht und klebrig, also am besten in einem Hochleistungsmixer oder einer Küchenmaschine zubereiten.

Diese Focaccia wird aus einer Vorspeise hergestellt, einer Kombination aus Hefe, Mehl und Wasser, die vielen Broten mehr Geschmack und eine gute Textur verleiht. Das Hauptgericht kann zwischen 1 und 24 Stunden vor der Zubereitung des Brotes zubereitet werden, planen Sie also entsprechend.

1 Umschlag (2 1/2 TL) aktive Trockenhefe oder 2 TL Instanthefe

1 Tasse warmes Wasser (100° bis 110°F)

Ungefähr 4 Tassen ungebleichtes Allzweckmehl

2 Teelöffel Salz

1 1/2 Tasse trockener Weißwein

1 1/4 Tasse Olivenöl

Zunahme

3 Esslöffel natives Olivenöl extra

1 Teelöffel grobes Meersalz

1. Als Vorspeise die Hefe über das Wasser streuen. Etwa 2 Minuten stehen lassen, bis die Hefe cremig ist. Rühren, bis sich die Hefe aufgelöst hat. 1 Tasse Mehl einrühren, bis es glatt ist. Decken Sie es mit Plastikfolie ab und lassen Sie es etwa 1 Stunde oder bis zu 24 Stunden bei Raumtemperatur stehen. (Wenn es heiß ist, stellen Sie die Vorspeise in den Kühlschrank. Nehmen Sie sie etwa eine Stunde vor der Teigzubereitung heraus.)

zwei. Kombinieren Sie 3 Tassen Mehl und Salz in einem Hochleistungsmixer oder einer Küchenmaschine. Vorspeise, Wein und Öl zugeben. Mischen Sie den Teig, bis er glatt und elastisch ist, etwa 3-5 Minuten. Es wird sehr klebrig sein, aber fügen Sie kein Mehl hinzu.

3.Das Innere einer großen Schüssel einfetten. Fügen Sie den Teig hinzu. Mit Frischhaltefolie abdecken und an einem warmen, zugfreien Ort etwa 1 1/2 Stunden gehen lassen, bis sich das Volumen verdoppelt hat.

Vier. Fetten Sie ein großes Backblech oder eine 15 x 10 x 1-Zoll-Geleerollenpfanne ein. Den Teig flachdrücken. Legen Sie es auf die Pfanne, indem Sie darauf klopfen und es mit Ihren Händen dehnen, damit es passt. Mit Frischhaltefolie abdecken und etwa 1 Stunde gehen lassen, bis er sich verdoppelt hat.

5.Stellen Sie den Rost in die Mitte des Ofens. Heizen Sie den Ofen auf 425 ° F vor. Drücken Sie den Teig fest mit Ihren Fingerspitzen, um Vertiefungen mit einem Abstand von etwa 1 Zoll zu bilden. Mit 3 EL Öl beträufeln. Mit Meersalz bestreuen. 25-30 Minuten backen oder bis sie knusprig und goldbraun sind.

6.Schieben Sie die Focaccia auf ein Kuchengitter, um sie leicht abzukühlen. In Quadrate oder Rechtecke schneiden und heiß servieren.

Brot aus sonnengetrockneten Tomaten

Focaccia von Pomodori Secchi

Ergibt 8-10 Portionen

Für diese Freiform-Focaccia eignen sich getrocknete, marinierte und feuchte Tomaten. Wenn Sie nur getrocknete Tomaten haben, die nicht aufgelöst wurden, weichen Sie sie einfach ein paar Minuten in warmem Wasser ein, bis sie weich werden.

1 Teelöffel aktive Trockenhefe

1 Tasse warmes Wasser (100° bis 110°F)

Ungefähr 3 Tassen ungebleichtes Allzweckmehl

1 Teelöffel Salz

4 Esslöffel natives Olivenöl extra

8-10 Stück marinierte sonnengetrocknete Tomaten, abgetropft und geviertelt

Eine Prise zerkleinerter getrockneter Oregano

1. Hefe über das Wasser streuen. Etwa 2 Minuten stehen lassen, bis die Hefe cremig ist. Rühren, bis sich die Hefe aufgelöst hat. Fügen Sie 2 Esslöffel Öl hinzu.

zwei. In einer großen Schüssel Mehl und Salz mischen. Die Hefemischung hinzugeben und mit einem Holzlöffel verrühren, bis ein glatter Teig entsteht.

3. Den Teig auf eine leicht bemehlte Fläche geben. Etwa 10 Minuten lang kneten, bis er glatt und elastisch ist, und nach Bedarf mehr Mehl hinzufügen, um einen feuchten, leicht klebrigen Teig zu erhalten. (Oder den Teig in einem Hochleistungsmixer, einer Küchenmaschine oder einer Brotmaschine gemäß den Anweisungen des Herstellers zubereiten.) Den Teig zu einer Kugel formen.

Vier. Das Innere einer großen Schüssel einfetten. Teig hinzufügen, einmal wenden, damit die Oberfläche bedeckt ist. Mit Frischhaltefolie abdecken und an einem warmen, zugfreien Ort etwa 1 1/2 Stunden gehen lassen, bis sich das Volumen verdoppelt hat.

5. Fetten Sie ein großes Backblech oder eine runde 12-Zoll-Pizzaform ein. Den Teig in die Pfanne geben. Fetten Sie Ihre

Hände ein und glätten Sie den Teig zu einem 12-Zoll-Kreis. Mit Frischhaltefolie abdecken und etwa 45 Minuten gehen lassen, bis er sich verdoppelt hat.

6. Stellen Sie den Ofenrost in die Mitte des Ofens. Backofen auf 450 ° F vorheizen. Mit den Fingerspitzen Vertiefungen in den Teig machen, die etwa 1 Zoll voneinander entfernt sind. Drücken Sie eine kleine Tomate in jede Vertiefung. Die restlichen 2 Esslöffel Olivenöl mit den Fingern beträufeln. Mit Oregano bestreuen. 25 Minuten backen oder bis sie goldbraun sind.

7. Die Focaccia auf ein Schneidebrett schieben und in Quadrate schneiden. Heiß servieren.

Römisches Kartoffelbrot

Kartoffel-Pizza

Ergibt 8-10 Portionen

Obwohl die Römer viel Pizza mit typischen Belägen essen, ist ihre erste Liebe Pizza Bianca, "weiße Pizza", ein langes, rechteckiges Fladenbrot ähnlich der genuesischen Focaccia, nur knuspriger und lockerer. Pizza Bianca wird normalerweise nur mit Salz und Olivenöl belegt, obwohl diese Variante mit dünn geschnittenen knusprigen Kartoffeln auch beliebt ist.

1 Umschlag (2 1/2 TL) aktive Trockenhefe oder 2 TL Instanthefe

1 Tasse warmes Wasser (100° bis 110°F)

Ungefähr 3 Tassen ungebleichtes Allzweckmehl

1 TL Salz und mehr für die Kartoffeln

6 Esslöffel Olivenöl

1 Pfund gelbfleischige Kartoffeln, wie Yukon Gold, geschält und sehr dünn geschnitten

frisch gemahlener schwarzer Pfeffer

1. Hefe über das Wasser streuen. Etwa 2 Minuten stehen lassen, bis die Hefe cremig ist. Rühren, bis sich die Hefe aufgelöst hat.

zwei. Kombinieren Sie in einer großen Schüssel 3 Tassen Mehl und 1 Teelöffel Salz. Fügen Sie die Hefemischung und 2 Esslöffel Öl hinzu. Mit einem Holzlöffel verrühren, bis ein glatter Teig entsteht. Den Teig auf eine leicht bemehlte Fläche geben und ca. 10 Minuten kneten, bis er glatt und elastisch ist. Fügen Sie nach Bedarf Mehl hinzu, um einen feuchten, aber nicht klebrigen Teig zu erhalten. (Oder den Teig in einem Hochleistungsmixer, einer Küchenmaschine oder einer Brotmaschine gemäß den Anweisungen des Herstellers zubereiten.)

3. Das Innere einer großen Schüssel einfetten. Den Teig hinzugeben und einmal wenden, um die Oberfläche einzufetten. Mit Plastikfolie abdecken. An einem warmen, zugfreien Ort etwa 1 1/2 Stunden gehen lassen, bis er sich verdoppelt hat.

Vier. Eine 15 x 10 x 1 Zoll große Pfanne einfetten. Den Teig vorsichtig flach drücken und in die Pfanne geben. Den Teig dehnen und verteilen, damit er in die Pfanne passt. Mit

Frischhaltefolie abdecken und etwa 45 Minuten gehen lassen, bis er sich verdoppelt hat.

5. Stellen Sie den Rost in die Mitte des Ofens. Ofen auf 425 ° F vorheizen. Die Kartoffeln in einer Schüssel mit den restlichen 4 Esslöffeln Olivenöl und Salz und Pfeffer abschmecken. Die Scheiben so auf den Teig legen, dass sie sich leicht überlappen.

6. 30 Minuten backen. Erhöhen Sie die Hitze auf 450 ° F. Backen Sie 10 Minuten länger oder bis die Kartoffeln zart und goldbraun sind. Schieben Sie die Pizza auf das Brett und schneiden Sie sie in Quadrate. Heiß servieren.

Gegrilltes Brot aus der Emilia-Romagna

Piadine

Ergibt 8 Brote

Piadina ist ein beliebtes rundes Brot, das in der Emilia-Romagna auf einer Grillplatte oder einem Stein gebacken wird. In Küstenstädten an der Adriaküste erscheinen im Sommer bunt gestreifte Stoffstände an den Straßenecken. Zur Mittagszeit sind die Büros für Geschäftsleute und uniformierte Mitarbeiter geöffnet und backen Piadina auf Bestellung auf flachen Blechen. Die heiße Piadana mit einem Durchmesser von etwa neun Zentimetern wird in zwei Hälften gefaltet und dann mit Käse, geschnittenem Prosciutto, Salami oder geröstetem Gemüse (z.Endivie mit Knoblauch) und als Sandwiches gegessen.

Obwohl Piadina normalerweise mit Schmalz zubereitet wird, ersetze ich es durch Olivenöl, da frisches Schmalz nicht immer verfügbar ist. Als Antipasti oder als Snack die Piada in Scheiben schneiden.

3 1/2 Tassen ungebleichtes Allzweckmehl

1 Teelöffel Salz

1 Teelöffel Backpulver

1 Tasse warmes Wasser

1 1/4 Tasse frisches, geschmolzenes und abgekühltes Schmalz oder Olivenöl

Gekochtes Gemüse, Aufschnitt oder Käse

1. Mehl, Salz und Backpulver in einer großen Schüssel mischen. Fügen Sie Wasser und Schmalz oder Öl hinzu. Mit einem Holzlöffel verrühren, bis ein glatter Teig entsteht. Kratzen Sie den Teig auf eine leicht bemehlte Oberfläche und kneten Sie den Teig eine Weile, bis er glatt ist. Den Teig zu einer Kugel formen. Mit einer umgedrehten Schüssel abdecken und 30 Minuten bis 1 Stunde stehen lassen.

zwei. Den Teig in 8 gleiche Teile schneiden. Lassen Sie die restlichen Stücke bedeckt und rollen Sie ein Stück Teig in einen 8-Zoll-Kreis. Wiederholen Sie dies mit dem Rest des Teigs und stapeln Sie die Kreise mit Wachspapier dazwischen.

3. Heizen Sie den Ofen auf 250 °F vor. Erhitzen Sie eine große Antihaft-Pfanne oder Pfannkuchenpfanne bei mittlerer Hitze, bis sie sehr heiß ist und ein Wassertropfen brutzelt und

schnell verschwindet, wenn er auf die Oberfläche trifft. Legen Sie den Teigkreis auf die Oberfläche und kochen Sie ihn 30-60 Sekunden lang oder bis die Piadina hart wird und goldbraun wird. Drehen Sie den Teig um und backen Sie ihn weitere 30 bis 60 Sekunden oder bis er auf einer Seite gut gebräunt ist.

Vier. Die Piada in Folie wickeln und im Ofen warm halten, während Sie die restlichen Teigkreise auf die gleiche Weise backen.

5.Gemüse oder Schinken-, Salami- oder Käsescheiben auf einer Seite der Piadina servieren. Falten Sie die Piada über die Füllung und essen Sie sie wie ein Sandwich.

Grissini

Grisini

Ergibt etwa 6 Dutzend Grissini

Eine Nudelmaschine, die mit einem Fettuccine-Schneider ausgestattet ist, kann auch lange, dünne Grissini, sogenannte Grissini, herstellen. (Ich gebe auch Anweisungen, wenn Sie den Grissini-Teig von Hand schneiden möchten oder müssen.) Variieren Sie den Geschmack, indem Sie dem Teig gemahlenen schwarzen Pfeffer oder getrocknete Kräuter wie gehackten Rosmarin, Thymian oder Oregano hinzufügen.

1 Umschlag (2 1/2 TL) aktive Trockenhefe oder 2 TL Instanthefe

1 Tasse warmes Wasser (100° bis 110°F)

2 Esslöffel natives Olivenöl extra

Ungefähr 2 1/2 Tassen ungebleichtes Allzweckmehl oder Brotmehl

1 Teelöffel Salz

2 Esslöffel gelbes Maismehl

1. In einer großen Schüssel die Hefe über das Wasser streuen. Etwa 2 Minuten stehen lassen, bis die Hefe cremig ist. Rühren, bis sich die Hefe aufgelöst hat.

zwei. Olivenöl hinzufügen. Fügen Sie 2 1/2 Tassen Mehl und Salz hinzu. Mischen, bis ein glatter Teig entsteht.

3. Den Teig auf einer leicht bemehlten Fläche etwa 10 Minuten lang kneten, bis er fest und elastisch ist, und bei Bedarf mehr Mehl hinzufügen, damit der Teig nicht mehr klebt. (Oder den Teig in einem Hochleistungsmixer, einer Küchenmaschine oder einer Brotmaschine gemäß den Anweisungen des Herstellers zubereiten.)

Vier. Das Innere einer großen Schüssel einfetten. Den Teig in eine Schüssel geben, einmal wenden, damit die Oberfläche bedeckt ist. Mit Frischhaltefolie abdecken und an einem warmen, zugfreien Ort etwa 1 1/2 Stunden gehen lassen, bis sich das Volumen verdoppelt hat.

5. Legen Sie zwei Roste in die Mitte des Ofens. Ofen auf 350° F vorheizen. Zwei große Backbleche mit Maismehl bestäuben.

6. Den Teig kurz durchkneten, um Luftblasen zu entfernen. Den Teig in 6 Teile teilen. Ein Stück Teig zu einem Oval von 5 × 4 ×

1/4 Zoll flach drücken. Streuen Sie mehr Mehl darüber, damit es nicht klebt. Den restlichen Teig bedeckt halten.

7. Führen Sie ein kurzes Ende des Teigs in den Fettuccine-Schneider der Nudelmaschine und schneiden Sie den Teig in 1/4-Zoll-Streifen. Schneiden Sie den Teig von Hand, indem Sie ihn mit einem Nudelholz auf einem Schneidebrett flach drücken. Mit einem großen, schweren, in Mehl getauchten Messer in 1/4-Zoll-Streifen schneiden.

8. Legen Sie die Streifen im Abstand von 1/2 Zoll auf eines der vorbereiteten Backbleche. Mit dem restlichen Teig wiederholen. Backen Sie für 20-25 Minuten oder bis sie leicht goldbraun sind, drehen Sie die Pfannen nach der Hälfte der Zeit.

9. In Pfannen auf Drahtgittern abkühlen. In einem luftdichten Behälter bis zu 1 Monat aufbewahren.

Fenchelringe

Taralli al Finocchio

Macht 3 Dutzend Ringe

Taralli sind knusprige Grissini in Ringform. Sie können einfach mit Olivenöl oder mit zerkleinertem rotem Pfeffer, schwarzem Pfeffer, Oregano oder anderen Kräutern gewürzt werden und sind in ganz Süditalien beliebt. Es gibt auch süße Tartarlijas, die sich hervorragend zum Dippen mit Wein oder Kaffee eignen. Taralls können so klein wie ein Nickel oder mehrere Zoll sein, aber sie sind immer hart und scharf. Ich serviere sie gerne mit Wein und Käse.

1 Päckchen (21/2 EL) aktive Trockenhefe oder 2 Teelöffel Instanthefe

1/4 Tasse warmes Wasser (100° bis 110°F)

1 Tasse ungebleichtes Allzweckmehl

1 Tasse Grießmehl

1 Esslöffel Fenchelsamen

1 Teelöffel Salz

1/3 Tasse trockener Weißwein

1 1/4 Tasse Olivenöl

1. Die Hefe in einem Messbecher über das Wasser streuen. Etwa 2 Minuten stehen lassen, bis die Hefe cremig ist. Rühren, bis sich die Hefe aufgelöst hat.

zwei. In einer großen Schüssel die beiden Mehle, Fenchel und Salz mischen. Hefemischung, Wein und Öl hinzugeben. Mischen, bis ein glatter Teig entsteht, etwa 2 Minuten. Kratzen Sie den Teig auf eine leicht bemehlte Oberfläche und kneten Sie ihn etwa 10 Minuten lang, bis er glatt und elastisch ist. Den Teig zu einer Kugel formen.

3. Das Innere einer großen Schüssel einfetten. Den Teig in eine Schüssel geben, einmal wenden, damit die Oberfläche bedeckt ist. Zugedeckt an einem warmen, zugfreien Ort etwa 1 Stunde gehen lassen, bis er sich verdoppelt hat.

Vier. Den Teig in drei Teile teilen, dann jedes Drittel halbieren, sodass 6 gleiche Teile entstehen. Halten Sie den Rest mit einer umgedrehten Schüssel bedeckt und schneiden Sie ein Stück in

6 gleiche Teile. Rollen Sie die Stücke in 4-Zoll-Stücke. Jedes zu einem Ring formen und die Enden fest zusammendrücken. Mit dem restlichen Teig wiederholen.

5. Legen Sie mehrere fusselfreie Küchentücher darauf. Einen großen Topf zur Hälfte mit Wasser füllen. Erhitze das Wasser zum Kochen. Fügen Sie Teigringe ein paar auf einmal hinzu. (Nicht versiegeln.) 1 Minute kochen oder bis die Ringe aufgehen. Die Ringe mit einer Schaumkelle herausnehmen und zum Abtropfen auf ein Küchenpapier legen. Mit dem restlichen Teig wiederholen.

6. Legen Sie zwei Roste in die Mitte des Ofens. Backofen auf 350 ° F vorheizen. Teigringe im Abstand von 2,5 cm auf 2 große ungefettete Backbleche legen. Backen, bis sie goldbraun sind, etwa 45 Minuten, dabei die Pfannen etwa zur Hälfte drehen. Den Ofen ausschalten und die Tür etwas öffnen. Die Ringe 10 Minuten im Ofen abkühlen lassen.

7. Die Ringe zum Abkühlen auf ein Kuchengitter legen. In einem luftdichten Behälter bis zu 1 Monat aufbewahren.

Mandel- und schwarzer Pfefferringe

Taralli mit le Mandorle

Ergibt 32 Ringe

Wenn ich nach Neapel gehe, ist eine meiner ersten Stationen eine Bäckerei mit einer großen Tüte dieser knusprigen Brotringe. Sie sind schmackhafter als Brezeln oder andere Snacks und eignen sich perfekt vor oder zu einer Mahlzeit. Die Neapolitaner machen sie mit Schmalz, was ihnen einen schönen Geschmack und eine zartschmelzende Textur verleiht, aber sie sind auch gut mit Olivenöl zubereitet. Diese halten gut und sind schön, mit Ihnen in der Firma zu haben.

1 Päckchen (2 1/2 EL) aktive Trockenhefe oder 2 Teelöffel Instanthefe

1 Tasse warmes Wasser (100° bis 110°F)

1/2 Tasse Schmalz, geschmolzen und abgekühlt, oder Olivenöl

3 1/2 Tassen ungebleichtes Allzweckmehl

2 Teelöffel Salz

2 Teelöffel frisch gemahlener schwarzer Pfeffer

1 Tasse gehackte Mandeln

1.Hefe über das Wasser streuen. Etwa 2 Minuten stehen lassen, bis die Hefe cremig ist. Rühren, bis sich die Hefe aufgelöst hat.

zwei.Mehl, Salz und Pfeffer in einer großen Schüssel mischen. Hefemischung und Schmalz zugeben. Mischen, bis ein glatter Teig entsteht. Den Teig auf eine leicht bemehlte Fläche geben und ca. 10 Minuten kneten, bis er glatt und elastisch ist. Mandeln kneten.

3.Den Teig zu einer Kugel formen. Den Teig mit einer umgedrehten Schüssel abdecken und an einem warmen Ort etwa 1 Stunde gehen lassen, bis er sich verdoppelt hat.

Vier.Legen Sie 2 Roste in die Mitte des Ofens. Ofen auf 350 ° F vorheizen. Teig nach unten drücken, um Luftblasen zu entfernen. Den Teig halbieren, dann jede Hälfte noch einmal halbieren und dann jedes Viertel halbieren, um 8 gleiche Stücke zu erhalten. Den restlichen Teig abgedeckt lassen und 1 Stück in 4 gleiche Teile teilen. Rollen Sie jedes Stück zu einem 6-Zoll-Seil. Drehen Sie jedes Seil dreimal und formen Sie es dann zu einem Ring, indem Sie die Enden fest zusammendrücken. Legen Sie die Ringe im Abstand von 2,5 cm auf zwei ungefettete Backbleche. Mit dem restlichen Teig wiederholen.

5. Backen Sie die Ringe für 1 Stunde oder bis sie goldbraun und knusprig sind, drehen Sie die Pfannen etwa nach der Hälfte der Zeit. Schalten Sie die Hitze aus und lassen Sie die Ringe 1 Stunde lang im Ofen abkühlen und trocknen.

6. Aus dem Ofen nehmen und zum vollständigen Abkühlen auf ein Kuchengitter legen. In einem luftdichten Behälter bis zu 1 Monat aufbewahren.

Selbstgemachte Pizza

Hauspizza

Ergibt 6-8 Portionen

Wenn Sie ein Haus in Süditalien besuchen, wird Ihnen diese Art von Pizza serviert. Es ist ganz anders als ein runder Pizzeria-Kuchen.

Hausgemachte Pizza ist etwa 3⁄4 Zoll dick, wenn sie in einer großen Pfanne gebacken wird. Da die Pfanne eingeölt ist, wird der Boden knusprig. Es ist nur leicht gebraten mit einer Prise geriebenem Käse anstelle von Mozzarella, der zu zäh werden würde, wenn die Pizza wie üblich bei Raumtemperatur serviert wird. Diese Art von Pizza hält dem Aufwärmen gut stand.

Probieren Sie diesen Kuchen mit Wurst- oder Pilzsauce und fügen Sie Mozzarella oder anderen geschmolzenen Käse hinzu, wenn Sie ihn direkt nach dem Backen essen möchten.

Teig

1 Päckchen (21⁄2 EL) aktive Trockenhefe oder 2 Teelöffel Instanthefe

1 1/4 Tassen warmes Wasser (100-110°F)

Ungefähr 3 1/2 Tassen ungebleichtes Allzweckmehl

2 Teelöffel Salz

2 Esslöffel Olivenöl

Zunahme

1 Rezept (ca. 3 Tassen)Pizza Soße

1 1/2 Tasse frisch geriebener Pecorino Romano

Olivenöl

1. Den Teig zubereiten: Die Hefe über das Wasser streuen. Etwa 2 Minuten stehen lassen, bis die Hefe cremig ist. Rühren, bis sich die Hefe aufgelöst hat.

zwei. In einer großen Schüssel 3 1/2 Tassen Mehl und Salz mischen. Fügen Sie die Hefemischung und das Olivenöl hinzu. Mit einem Holzlöffel verrühren, bis ein glatter Teig entsteht. Den Teig auf eine leicht bemehlte Oberfläche geben und kneten, bis er glatt und elastisch ist, gegebenenfalls mehr Mehl hinzufügen, um einen feuchten, aber nicht klebrigen

Teig zu erhalten, etwa 10 Minuten lang. (Oder den Teig in einem Hochleistungsmixer, einer Küchenmaschine oder einer Brotmaschine gemäß den Anweisungen des Herstellers zubereiten.)

3.Eine große Schüssel leicht mit Öl einfetten. Den Teig in eine Schüssel geben, einmal wenden, damit die Oberfläche bedeckt ist. Mit Plastikfolie abdecken. Stellen Sie es an einen warmen, zugfreien Ort und lassen Sie es etwa eineinhalb Stunden gehen, bis es sich verdoppelt hat.

Vier.Stellen Sie den Rost in die Mitte des Ofens. Fetten Sie eine 15 x 10 x 1 Zoll Jelly Roll Pfanne ein. Den Teig vorsichtig flachdrücken. Legen Sie den Teig in die Mitte der Pfanne und strecken und klopfen Sie ihn, damit er passt. Mit Frischhaltefolie abdecken und etwa 45 Minuten gehen lassen oder bis er aufgeblasen und fast doppelt so groß ist.

5.Während der Teig in der Pfanne aufgeht, die Sauce zubereiten. Backofen auf 450 ° F vorheizen. Mit den Fingerspitzen fest auf den Teig drücken, um 1-Zoll-Grübchen auf der Oberfläche zu bilden. Die Sauce auf dem Teig verteilen, dabei 1/2 Zoll am Rand frei lassen. 20 Minuten backen.

6. Käse darüber streuen. Mit Öl besprühen. Legen Sie die Pizza in den Ofen und backen Sie sie 5 Minuten lang oder bis der Käse geschmolzen und die Kruste goldbraun ist. In Quadrate schneiden und heiß oder bei Zimmertemperatur servieren.

Pizzateig nach neapolitanischer Art

Macht genug für vier 9-Zoll-Pizzen

In Neapel, wo das Pizzabacken eine Kunstform ist, ist der ideale Pizzaboden zäh und nur ein wenig knusprig, flexibel genug, um sich zu biegen, ohne zu brechen. Neapolitanische Pizzen sind nicht dick und kuchenartig oder dünn und knusprig.

Um das richtige Gleichgewicht mit den in den USA erhältlichen Mehlen zu erreichen, benötigen Sie eine Kombination aus einem weichen, glutenarmen Kuchenmehl und einem härteren, glutenreichen Allzweckmehl. Für eine knusprigere Kruste die Menge des Allzweckmehls erhöhen und die Menge des Kuchenmehls entsprechend verringern. Brotmehl, das viel Gluten enthält, würde den Pizzaboden zu hart machen.

Pizzateig kann in einem Hochleistungs-Elektromixer oder einer Küchenmaschine oder sogar in einer Brotmaschine gemischt und geknetet werden. Sie können eine echte Pizzeria-Struktur erhalten, indem Sie die Kuchen direkt auf einem unglasierten Backstein oder einer Steinbruchplatte backen, die im Küchenfachhandel erhältlich sind.

Dieses Rezept ergibt vier Pizzen. In Neapel bekommt jeder seine eigene Pizza, aber da es schwierig ist, mehr als einen Kuchen gleichzeitig in einem Heimofen zu backen, schneide ich jeden Kuchen zum Servieren in Scheiben.

1 Teelöffel aktive Trockenhefe oder Instanthefe

1 Tasse warmes Wasser (100-110°F)

1 dl normales Kuchenmehl (nicht selbstaufgehend)

Ungefähr 3 Tassen ungebleichtes Allzweckmehl

2 Teelöffel Salz

1. Hefe über das Wasser streuen. Etwa 2 Minuten stehen lassen, bis die Hefe cremig ist. Rühren, bis sich die Hefe aufgelöst hat.

zwei. Kombinieren Sie die beiden Mehle und Salz in einer großen Schüssel. Die Hefemischung zugeben und verrühren, bis ein glatter Teig entsteht. Den Teig auf eine leicht bemehlte Oberfläche geben und kneten, bis er glatt und elastisch ist. Mehl nach Bedarf hinzufügen, um einen feuchten, aber nicht klebrigen Teig zu erhalten, etwa 10 Minuten lang. (Oder den Teig in einem Hochleistungsmixer, einer Küchenmaschine oder einer Brotmaschine gemäß den Anweisungen des Herstellers zubereiten.)

3.Den Teig zu einer Kugel formen. Legen Sie es auf eine bemehlte Oberfläche und decken Sie es verkehrt herum mit einer Schüssel ab. Etwa anderthalb Stunden bei Raumtemperatur stehen lassen oder bis sich der Teig verdoppelt hat.

Vier.Öffnen Sie den Teig und entfernen Sie alle Luftblasen. Den Teig halbieren oder vierteln, je nach Größe der zu backenden Pizzen. Jedes Stück zu einer Kugel formen. Legen Sie die Kugeln im Abstand von einigen Zentimetern auf eine bemehlte Oberfläche und decken Sie sie mit einem Handtuch oder einer Plastikfolie ab. 1 Stunde oder bis zur Verdoppelung stehen lassen.

5.Die Arbeitsfläche leicht mit Mehl bestäuben. Klopfen und strecken Sie ein Stück Teig in einen 9- bis 12-Zoll-Kreis mit einer Dicke von etwa 1/4 Zoll. Den Teigrand etwas dicker lassen.

6.Den Pizzaboden oder das randlose Backblech großzügig mit Mehl bestäuben. Legen Sie den Teigkreis vorsichtig auf die

Kruste. Schütteln Sie die Kruste, um sicherzustellen, dass der Teig nicht klebt. Wenn ja, den Teig anheben und mehr Mehl auf die Kruste geben. Der Teig ist fertig zum Abdecken und Backen nach Ihrem Rezept.

Pizza mit Mozzarella, Tomaten und Basilikum

Pizza Margherita

Macht vier 9-Zoll-Pizzas oder zwei 12-Zoll-Pizzas

Die Neapolitaner nennen diese klassische Pizza mit Mozzarella, natürlicher Tomatensauce und Basilikum Pizza Margherita nach der schönen Königin, die die Pizza im 19. Jahrhundert genoss.

1 RezeptNeapolitanischer Pizzateig, vorbereitet in Schritt 6

2½ TassenMarinara-Sauce, bei Raumtemperatur

12 Unzen dünn geschnittener frischer Mozzarella

frisch geriebener Parmigiano-Reggiano, optional

Natives Olivenöl extra

8 frische Basilikumblätter

1. Bereiten Sie den Teig und die Soße vor, falls erforderlich. Legen Sie dann 30-60 Minuten vor dem Backen einen unglasierten Pizzastein oder eine Steinbruchplatte oder ein Backblech auf die unterste Ebene des Ofens. Drehen Sie den Ofen auf maximale Temperatur: 500° oder 550°F.

zwei. Verteilen Sie eine dünne Schicht Soße auf dem Teig und lassen Sie einen 1/2-Zoll-Rand um ihn herum. Mozzarella darauf legen und ggf. mit geriebenem Käse bestreuen.

3. Öffnen Sie den Ofen und schieben Sie den Teig vorsichtig aus der Schale, indem Sie ihn leicht zur Rückseite des Steins neigen und ihn vorsichtig hin und her schütteln. Backen Sie die Pizza für 6-7 Minuten oder bis die Kruste knusprig und goldbraun ist.

Vier. Auf ein Schneidebrett legen und mit etwas nativem Olivenöl extra beträufeln. 2 Basilikumblätter in Stücke schneiden und auf der Pizza verteilen. In Scheiben schneiden und sofort servieren. Machen Sie weitere Pizzen auf die gleiche Weise mit anderen Zutaten.

Variation: Gebackene Pizza belegt mit gehacktem frischem Rucola und geschnittenem Schinken.

Pizza mit Tomaten, Knoblauch und Oregano

Marinara-Pizza

Macht vier 9-Zoll- oder zwei 12-Zoll-Pizzen

Obwohl in Neapel viele verschiedene Pizzasorten gegessen werden, werden nur zwei Pizzasorten vom offiziellen Verband der neapolitanischen Pizzabäcker als authentisch oder echt angesehen.Pizza mit Mozzarella, Tomaten und Basilikum, benannt nach der geliebten Königin, ist zum einen die Pizza Marinara, die trotz ihres Namens (marinara bedeutet „vom Seemann") ohne Schalentiere zubereitet wird. Wenn Sie diese Art von Pizza jedoch aus Rom statt aus Neapel bestellen, sind wahrscheinlich Sardellen darauf.

Pizzateig nach neapolitanischer Art, vorbereitet in Schritt 6

2 1/2 TassenMarinara-Sauce, bei Raumtemperatur

1 Dose Sardellen, abgetropft (optional)

Getrockneter Oregano, zerkleinert

3 dünn geschnittene Knoblauchzehen

Natives Olivenöl extra

1.Bereiten Sie den Teig und die Soße vor, falls erforderlich. Legen Sie dann 30-60 Minuten vor dem Backen einen Pizzastein, eine unglasierte Steinbruchplatte oder ein Backblech auf die unterste Ebene des Ofens auf den Rost. Drehen Sie den Ofen auf maximale Temperatur: 500° oder 550°F.

zwei. Verteilen Sie eine dünne Schicht Soße auf dem Teig und lassen Sie einen 1/2-Zoll-Rand um ihn herum. Die Sardellen darauf legen. Oregano und Knoblauch darüber streuen.

3.Öffnen Sie den Ofen und schieben Sie den Teig vorsichtig aus der Schale, indem Sie ihn zur Rückseite des Steins neigen und ihn sanft hin und her schaukeln. Backen Sie die Pizza für 6-7 Minuten oder bis die Kruste knusprig und goldbraun ist.

Vier. Auf ein Schneidebrett legen und mit etwas nativem Olivenöl extra beträufeln. In Scheiben schneiden und sofort servieren. Mit den restlichen Zutaten weitere Pizzen backen.

Belegen Sie diese Pizza vor dem Backen mit dünn geschnittenen Peperoni und abgetropften, gesalzenen Peperoni.

Wildpilzpizza

Pizza alla Boscaiola

Macht vier 9-Zoll-Pizzen

Im Piemont führten befreundete Önologen meinen Mann und mich zu einer Pizzeria, die von einem Neapolitaner eröffnet wurde. Er machte uns eine Pizza mit zwei lokalen Zutaten, Fontina aus Valle d'Ao, samtigem Kuhmilchkäse und frischen Steinpilzen. Der Käse schmolz wunderbar und ergänzte den holzigen Geschmack der Pilze. Obwohl frische Steinpilze in den USA schwer zu bekommen sind, passt diese Pizza immer noch gut zu anderen Pilzen.

Pizzateig nach neapolitanischer Art, vorbereitet in Schritt 6

3 Esslöffel natives Olivenöl extra

1 dünn geschnittene Knoblauchzehe

1 Pfund verschiedene Pilze, wie weiße, Shiitake- und Austernpilze (oder verwenden Sie einfach weiße Pilze), getrimmt und in Scheiben geschnitten

1 1/2 Teelöffel gemahlener frischer Thymian oder eine Prise zerkleinerter getrockneter Thymian

Salz und frisch gemahlener schwarzer Pfeffer

2 Esslöffel gehackte frische Petersilie

8 Unzen Fontina Valle d'Aosta, Asiago oder Mozzarella, in dünne Scheiben geschnitten

1. Bereiten Sie den Teig vor, falls erforderlich. Legen Sie dann 30-60 Minuten vor dem Backen einen Pizzastein, eine unglasierte Steinbruchplatte oder ein Backblech auf die unterste Ebene des Ofens auf den Rost. Drehen Sie den Ofen auf maximale Temperatur: 500° oder 550°F.

zwei. Das Öl in einer großen Pfanne mit dem Knoblauch bei mittlerer Hitze erhitzen. Pilze, Thymian sowie Salz und Pfeffer nach Geschmack hinzugeben und unter häufigem Rühren etwa 15 Minuten kochen, bis der Pilzsaft verdunstet und die Pilze braun sind. Petersilie zugeben und vom Herd nehmen.

3. Die Käsescheiben auf dem Teig verteilen, dabei rundherum einen 1-Zoll-Rand lassen. Champignons darüber streuen.

Vier. Öffnen Sie den Ofen und schieben Sie den Teig vorsichtig aus der Schale, indem Sie ihn zum Stein hin kippen und vorsichtig hin und her schütteln. Backen Sie die Pizza für 6-7 Minuten oder bis die Kruste knusprig und goldbraun ist. Etwas natives Olivenöl extra darüber träufeln.

5. Auf ein Schneidebrett legen und mit etwas nativem Olivenöl extra beträufeln. In Scheiben schneiden und sofort servieren. Mit den restlichen Zutaten weitere Pizzen backen.

Höschen

Ergibt 4 Calzonen

In den Straßen von Spaccanapoli, der Altstadt von Neapel, haben Sie vielleicht das Glück, einem Straßenhändler zu begegnen, der Calzone herstellt. Das Wort bedeutet "große Socke", eine treffende Beschreibung dieser gefüllten Torte. Calzone wird aus Pizzateig hergestellt, der kreisförmig um die Füllung gefaltet wird. Straßenhändler braten sie in großen Töpfen mit kochendem Öl, die auf tragbaren Öfen stehen. Calzone werden normalerweise in Pizzerien gebacken.

1 Umschlag (2 1/2 TL) aktive Trockenhefe oder 2 TL Instanthefe

1 1/3 Tassen warmes Wasser (100-110°F)

Ungefähr 3 1/2 Tassen ungebleichtes Allzweckmehl

2 Teelöffel Salz

2 Esslöffel Olivenöl und mehr zum Bürsten

Füllung

1 Kilo Vollmilch oder teilentrahmter Ricotta

8 Unzen frischer Mozzarella, gehackt

4 Unzen Prosciutto, Salami oder Schinken, gehackt

1/2 Tasse frisch geriebener Parmigiano-Reggiano

1. In einer großen Schüssel die Hefe über das Wasser streuen. Etwa 2 Minuten stehen lassen, bis die Hefe cremig ist. Rühren, bis sich die Hefe aufgelöst hat.

zwei. Fügen Sie 3 1/2 Tassen Mehl, Salz und 2 Esslöffel Olivenöl hinzu. Mit einem Holzlöffel verrühren, bis ein glatter Teig entsteht. Den Teig auf eine leicht bemehlte Fläche geben und etwa 10 Minuten kneten, gegebenenfalls mehr Mehl hinzufügen, bis der Teig glatt und elastisch ist.

3. Eine große Schüssel leicht mit Öl einfetten. Den Teig in eine Schüssel geben und auf den Kopf stellen, um die Oberfläche einzufetten. Mit Plastikfolie abdecken. An einen warmen, zugfreien Ort stellen und etwa 1 1/2 Stunden gehen lassen, bis er sich verdoppelt hat.

Vier. Den Teig mit den Fäusten flach drücken. Den Teig in 4 Teile schneiden. Jedes Stück zu einer Kugel formen. Legen Sie die Kugeln im Abstand von einigen Zentimetern auf eine leicht bemehlte Fläche. Locker mit Frischhaltefolie abdecken und etwa 1 Stunde gehen lassen, bis er sich verdoppelt hat.

5. Mischen Sie in der Zwischenzeit die Zutaten für die Füllung, bis sie gut vermischt sind.

6. Legen Sie zwei Roste in die Mitte des Ofens. Backofen auf 425 ° F vorheizen 2 große Backbleche einfetten.

7. Rollen Sie mit einem Nudelholz ein Stück Teig auf einer leicht bemehlten Oberfläche in einen 9-Zoll-Kreis aus. Legen Sie ein Viertel der Füllung in die Mitte des Kreises und lassen Sie einen 1/2-Zoll-Rand zum Verschließen frei. Den Teig unter die Füllung heben und die Luft auspressen. Die Ränder fest zusammendrücken. Dann über den Rand klappen und wieder schließen. Legen Sie die Calzone auf ein Backblech. Wiederholen Sie dies mit dem Rest des Teigs und der Füllung, wobei Sie die Calzone einige Zentimeter voneinander entfernt halten.

8. Machen Sie einen kleinen Schlitz in die Oberseite jeder Calzone, damit der Dampf entweichen kann. Schmieren Sie die Oberfläche mit Olivenöl.

9. Backen Sie für 35-40 Minuten oder bis sie knusprig und goldbraun sind, drehen Sie die Pfannen etwa nach der Hälfte der Zeit. Zum Abkühlen 5 Minuten auf ein Kuchengitter schieben. Heiß servieren.

Variation: Füllen Sie die Calzoni mit einer Kombination aus Ricotta, Ziegenkäse, Knoblauch und Basilikum oder servieren Sie die Calzoni mit Tomatensauce.

Sardellenpatronen

Crispeddi von Alice

Vor 12

Diese mit Sardellen gefüllten Röllchen sind in ganz Süditalien beliebt. Crispeddi ist ein kalabrischer Name; Die Sizilianer nennen sie Fanfarichi oder einfach Pasta Fritta, „gebratener Teig". Die sizilianische Familie meines Mannes aß sie immer an Silvester, während andere Familien sie während der Fastenzeit genossen.

1 Umschlag (2½ TL) aktive Trockenhefe oder 2 TL Instanthefe

1 ⅓ Tassen warmes Wasser (100-110°F)

Ungefähr 3½ Tassen ungebleichtes Allzweckmehl

2 Teelöffel Salz

1 Dose (2 Unzen) flache Sardellenfilets, abgetropft und trocken getupft

Etwa 4 Unzen Mozzarella, in ½ Zoll dicke Streifen geschnitten

Pflanzenöl zum Braten

1. Hefe über das Wasser streuen. Etwa 2 Minuten stehen lassen, bis die Hefe cremig ist. Rühren, bis sich die Hefe aufgelöst hat.

zwei. Mischen Sie in einer großen Schüssel 3 1/2 Tassen Mehl und Salz. Die Hefemischung zugeben und verrühren, bis ein glatter Teig entsteht. Den Teig auf eine leicht bemehlte Fläche geben und etwa 10 Minuten kneten, gegebenenfalls mehr Mehl hinzufügen, bis der Teig glatt und elastisch ist.

3. Eine große Schüssel einfetten. Den Teig in eine Schüssel geben, einmal wenden, damit die Oberfläche bedeckt ist. Mit Plastikfolie abdecken. An einen warmen, zugfreien Ort stellen und etwa 1 Stunde gehen lassen, bis er sich verdoppelt hat.

Vier. Den Teig flach drücken, um Luftblasen zu entfernen. Den Teig in 12 Teile schneiden. Legen Sie 1 Stück auf eine leicht bemehlte Oberfläche und lassen Sie die restlichen Stücke bedeckt.

5. Den Teig zu einem Kreis von etwa 5 cm Durchmesser ausrollen. Legen Sie ein Stück Sardelle und ein Stück Mozzarella in die Mitte des Kreises. Die Teigränder hochziehen und um die Füllung herum zusammendrücken, sodass eine geldbörsenartige Spitze entsteht. Glätten Sie die

Spitze, indem Sie die Luft drücken. Drücken Sie die Naht fest. Wiederholen Sie dies mit anderen Zutaten.

6. Legen Sie den Boden mit Papiertüchern aus. Gießen Sie ausreichend Öl 1/2 Zoll tief in eine große, schwere Pfanne. Öl bei mittlerer Hitze erhitzen. Fügen Sie jeweils ein paar Rollen mit der Nahtseite nach unten hinzu. Braten Sie die Brötchen bis sie goldbraun sind, indem Sie sie mit einem Pfannenwender etwa 2 Minuten auf jeder Seite flach drücken. Auf Küchenpapier abtropfen lassen. Streuen Sie Salz darüber.

7. Die restlichen Brötchen auf die gleiche Weise backen. Vor dem Servieren leicht abkühlen lassen.

Eintrag:Seien Sie vorsichtig, wenn Sie sie beißen; Das Innere bleibt sehr heiß, während das Äußere abkühlt.

Tomaten- und Käserunden

Panzerotti Pugliese

Macht 16 Runden

Die kleinen Bratlinge, die den obigen Sardellen-Bratlingen ähneln, sind eine Spezialität von Dora Marzovilla aus Apulien. Er bereitet sie jeden Tag für das Restaurant seiner Familie, I Trulli, in New York zu. Diese können mit oder ohne Sardellen zubereitet werden.

1 Teigrezept für Buñuelos (abSardellenpatronen)

3 Eiertomaten, entkernt und gehackt

Salz

4 Unzen frischer Mozzarella, in 16 Stücke geschnitten

Pflanzenöl zum Braten

1. Bereiten Sie den Teig vor. Als nächstes die Tomaten halbieren und den Saft und die Kerne auspressen. Die Tomaten würfeln und mit Salz und Pfeffer würzen.

zwei. Den Teig in vier Teile schneiden. Jedes Viertel in 4 Stücke schneiden. Halten Sie den restlichen Teig bedeckt und rollen Sie ein Stück in einen 4-Zoll-Kreis. 1 Teelöffel Tomaten und ein Stück Mozzarella auf eine Seite des Kreises legen. Die andere Hälfte des Teigs über die Füllung zu einem Halbmond falten. Drücken Sie die Luft heraus und drücken Sie die Ränder zusammen, um sie zu versiegeln. Die Ränder mit einer Gabel fest zusammendrücken.

3. Legen Sie den Boden mit Papiertüchern aus. In einem schweren Topf oder einer Fritteuse mindestens 2,5 cm Öl mit einem Frittierthermometer auf 375 °F erhitzen oder bis ein 2,5 cm großes Stück Brot pro Minute braun wird. Lassen Sie die Steaks vorsichtig ein paar auf einmal in das heiße Öl fallen. Lass genug Platz zwischen ihnen, damit sie sich nicht berühren. Die Steaks ein- oder zweimal wenden und goldbraun braten, etwa 2 Minuten pro Seite.

Vier. Gib die Steaks zum Abtropfen auf ein Papiertuch. Streuen Sie Salz darüber. Heiß servieren.

Eintrag: Seien Sie vorsichtig, wenn Sie sie beißen; Das Innere bleibt sehr heiß, während das Äußere abkühlt.

Osterkuchen

Pizza Rustica oder Pizza Chiene

Ergibt 12 Portionen

Die meisten Süditaliener machen zu Ostern eine Version dieses reichhaltigen und herzhaften Kuchens. Einige der Torten werden mit Hefeteig hergestellt, andere verwenden eine gesüßte Tortenkruste. Der Füllung werden oft hartgekochte Eier hinzugefügt, und jeder Koch hat seine eigene Lieblingskombination aus Käse und Gebäck. So hat meine Großmutter Osterkuchen gemacht.

Pizza Rustica ist auch als Pizza Chiene (ausgesprochen „Pizza Gheen") bekannt, eine Dialektform von Pizza Ripiene, was „gefüllte" oder „ganze" Torte bedeutet. Es wird normalerweise bei einem Picknick am Ostermontag gegessen, bei dem Familien die Ankunft des Frühlings feiern möchten. Weil es so reichhaltig ist, macht ein kleines Stück viel aus.

Kortex

4 Tassen ungebleichtes Allzweckmehl

1 1/2 TL Salz

1 1/2 Tasse festes Pflanzenfett

1 1/2 Tasse (1 Stange) ungesalzene Butter, gekühlt und in Stücke geschnitten

2 große Eier, geschlagen

3-4 Esslöffel Eiswasser

Füllung

8 oz süße italienische Wurst, Haut entfernt

3 große Eier, leicht geschlagen

1 Tasse frisch geriebener Parmigiano-Reggiano oder Pecorino Romano

2 Pfund ganzer oder teilweise entrahmter Ricotta, über Nacht abgetropft (siehe SeitenleisteRicotta abtropfen lassen)

8 Unzen frischer Mozzarella, in kleine Würfel geschnitten

4 Unzen Prosciutto, in kleine Würfel geschnitten

4 Unzen gekochter Schinken, in kleine Würfel geschnitten

4 Unzen Sopressata, in kleine Würfel geschnitten

www.ingramcontent.com/pod-product-compliance
Lightning Source LLC
Chambersburg PA
CBHW071238080526
44587CB00013BA/1666